Theresita M. Müller SMMP

Im Auftrag des Friedens

Theresita M. Müller SMMP

IM AUFTRAG DES
FRIEDENS

*Als Botschafterin der Versöhnung
in der Normandie*

BONIFATIUS

Bibliografische Information der Deutschen Nationalbibliothek:
Die Deutsche Nationalbibliothek verzeichnet diese Publikation in der Deutschen
Nationalbibliografie; detaillierte bibliografische Daten sind im Internet über
http://dnb.d-nb.de abrufbar.

Klimaneutrale Produktion.
Gedruckt auf umweltfreundlichem, chlorfrei gebleichtem Papier.

Umschlaggestaltung: Weiss Werkstatt München, *werkstattmuenchen.com*
Umschlagfoto: © Andreas Beer
Umschalgfoto Rückseite: © SeraphP/Shutterstock.com
Satz: Bonifatius GmbH, Paderborn
Druck und Bindung: CPI books GmbH, Leck
Printed in Germany

ISBN 978-3-98790-045-7

Weitere Informationen zum Verlag:
www.bonifatius-verlag.de

„Das Ziel des Lebens ist nicht, die Welt zu genießen,
auch nicht einmal sie wissenschaftlich zu erkennen,
sondern aus dieser Erde ein Reich des Friedens,
der Gerechtigkeit und der Liebe zu machen,
soweit es jeweilen möglich erscheint,
und nur soweit wir daran mitgeholfen haben,
soweit hat unser Leben einen Wert gehabt."

Carl Hilty (1833 bis 1909)

Inhalt

7

Hinführung

„Danke für Ihre Worte. Es war sehr interessant, was Sie erzählt haben. Aber ich wusste gar nicht, dass die Deutschen auch gelitten haben."

Ich bin erschüttert über diese Reaktion einer Zuhörerin. Seit mehr als einem Jahr wohne ich in Sainte-Mère-Église, einem Dorf in der Normandie. Während eines Treffens zur Vorbereitung erwachsener Taufbewerber soll ich zum Thema Versöhnung sprechen. Ich erzähle von den Freuden und den Schwierigkeiten der Wiedervereinigung der BRD und der DDR zu Anfang der Neunzigerjahre. Und ich erzähle von dem großen Leid vieler Deutscher während des Zweiten Weltkrieges. Von meiner Heimatstadt Köln, die 262-mal bombardiert worden war. Von meinem Cousin Hermann-Josef, ein halbes Jahr vor Ausbruch des Krieges geboren, der als Fünfjähriger in Köln beobachtet, wie eine Bombe fällt und ein Pferd panisch durch die offene Gartentür seines Elternhauses die Kellertreppe heruntergaloppiert. Und der erleben muss, dass er mit seiner Mutter nach Neunkirchen-Seelscheid evakuiert wird. Als sich auf der Zeitstraße amerikanische

Fußtruppen nähern, winkt seine Mutter ihrem Vater, der auf einer Wiese Löwenzahn für das Mittagessen sammelt. Die GIs beobachten die besorgte Frau, interpretieren ihre Bewegungen als Information feindlicher, nämlich deutscher, Soldaten und wollen sie standrechtlich erschießen. Nur die Beteuerung meiner Tante, sie habe lediglich ihren Vater holen wollen, lässt sie überleben. Der kleine Herrmann-Josef steht die ganze Zeit neben seiner Mutter und erlebt ihre Todesangst am eigenen Leib mit. Ich erzähle von meiner Mutter, die sagte: „Nach dem Krieg haben wir schwarzen Hunger gelitten. In Köln gab es so gut wie nichts mehr zu essen."

Das alles ist fast 70 Jahre her, als ich im Pfarrsaal von Sainte-Mère-Église davon berichte. Der Krieg ist seit 1945 vorbei. Die alte „Erbfeindschaft" zwischen Deutschland und Frankreich ist begraben, eine Partnerschaft und Länderfreundschaft ist an ihre Stelle getreten, ohne die das Europa von heute nicht denkbar wäre. Und dennoch: „Die Vergangenheit ist eine Dimension der Gegenwart, eine geisterhafte Dimension, ein Echo dessen, was war und nicht mehr ist, fast nicht mehr, aber immer noch präsent ist wie ein Summen, das man meistens nicht hört"[1], schreibt der französische Lehrer und Schriftsteller Alexis Jenni. Nicht immer und überall, aber manchmal und an manchen Orten wabern noch Schatten unserer gemeinsamen Kriegsvergangenheit durch manche Köpfe und Herzen. Darum sind wir drei Ordensschwestern hier, im ersten von den Alliierten befreiten Dorf auf europäischem Festland. Darum gibt es neben den vielen Friedensinitiativen allüberall unser „Maison de la Paix", unser „Haus des Friedens".

*„Es gibt keinen Weg zum Frieden,
denn Frieden ist der Weg."*
(Mahatma Gandhi, 1869 bis 1948)

Die Ordensfrau und der Jeep

Anfang Juni 2012. Seit März lebe ich mit zwei französischen Ordensschwestern in Sainte-Mère-Église, jenem Dorf in der Normandie, das als einer der ersten Orte Frankreichs im Juni 1944 von den Alliierten befreit wurde. Bis gestern war ich überzeugt, dass ich mich schon recht gut in meiner neuen Umgebung eingelebt habe. Bis gestern hat es für mich keinen großen Unterschied gemacht, in Frankreich oder in Deutschland zu leben, in Thüringen, wo ich die letzten acht Jahre gewohnt und gearbeitet habe, oder in der Normandie.

Heute ist alles anders. Der Kirchplatz unseres Dorfes hat sich vollkommen verwandelt. Staunend schaue ich mich um: Wo sonst allwöchentlich Marktstände die qualitativ hochwertigen Obst- und Gemüsesorten der Region zum Verkauf anbieten, finden sich jetzt Buden mit Verpflegung und Getränken aller Art. In und neben der überdachten Markthalle findet eine Militariabörse statt. Fachleute, Sammler und Privatpersonen bieten hier Militärausrüstung, Uniformen, Militärabzeichen, Dokumente, Bücher und Weiteres zum Kauf und Verkauf an – Kommerz mit Waffen und Kriegssouvenirs.

Das ganze Zentrum des Ortes ist erfüllt von lauter Musik, die zum Tanzen und Verweilen einlädt. Schicke Damen im 40er-Jahre-Look flanieren über den Platz und durch die Straßen. Vor allem aber Soldaten, wohin das Auge blickt. Ich entdecke die unterschiedlichsten Uniformen, an den Abzeichen der Flaggen auf den Ärmeln identifiziere ich Soldaten aus den USA, den Niederlanden, aus Polen, Großbritannien, Belgien und Deutschland. Alle Uniformen sind erlaubt, nur eine nicht: die Uniform der Wehrmacht.

So ist es hier in Sainte-Mère-Église und Umgebung Jahr für Jahr. Das sogenannte „D-Day Festival Normandy" verwandelt jedes Jahr im Juni die Strände der Alliiertenlandung in Schauplätze für zahllose Events zu Ehren der Soldaten, die hier am 6. Juni 1944 an Land gegangen sind: Fallschirmsprünge, Militärparaden, historische Rekonstruktionen, Konzerte, Ausstellungen, Filmvorführungen, Feuerwerke und vieles mehr an touristischen, kulturellen und festlichen Veranstaltungen.

Manche Soldaten tragen Waffen, andere nicht. Philippe Léonard, unser Pfarrer, fragt mich: „Weißt du, wie man richtige und falsche Soldaten unterscheidet?"

„Keine Ahnung", antworte ich wahrheitsgemäß, „ich habe nur einen Bruder, und der war aufgrund einer Erkrankung von der Wehrpflicht befreit."

Die Antwort des Priesters überrascht mich: „Die richtigen Soldaten tragen keine Waffen."

Es gibt hier also offensichtlich nicht nur Soldaten, die in Europa und den USA ihren Wehrdienst absolvieren und die zu den Feierlichkeiten des 6. Juni in die Normandie gekommen sind. Es gibt auch Männer, die sich als Soldaten verkleiden, und das nicht an Karneval, sondern mitten im Sommer. Aber was um Gottes Willen treiben hier Hunderte verkleideter Soldaten? Was geht in Männern vor, die im friedlichen Europa mit geschulterten Gewehren durch die Straßen ziehen und in Jeeps und Panzern umherfahren? Die in Militärzelten kampieren, egal, ob die Sonne scheint oder es tagelang in Strömen regnet. Ist es ihnen wichtig, Stärke und Überlegenheit zu demonstrieren? Haben diese Männer im realen Leben jemals Krieg erlebt und kämpfen müssen?

Andreas Beer, Redakteur unserer Ordensgemeinschaft in Deutschland, ist für einige Tage gekommen, um sich ein Bild von dem neuen Projekt „Maison de la Paix"[2] zu machen. Er erzählt mir: „Du kannst es dir nicht vorstellen, aber heute Morgen stand an dem Weg von der Westküste nach hier ein Mann ganz allein in Kampfuniform mit einem alten Jeep und Gewehr an der Straße, ganz so, als müsste er da irgendetwas überwachen. Erwachsene Leute spielen hier Soldat. Haben die alle Sehnsucht nach Krieg?"

In Europa herrscht in den Zehnerjahren des 21. Jahrhunderts Frieden; der Zweite Weltkrieg ist seit mehr als 60 Jahren vorbei, die Kriege auf dem Balkan sind beendet. Die Franzosen, die in den französischen Kolonien Nordafrikas kämpften, haben das 70. Lebensjahr bereits überschritten. Warum also spielen Männer heute Krieg? Gibt es eine Sehnsucht zu kämpfen? Gibt es ein Verlangen, größer und stärker als andere zu sein? Ein Bedürfnis, die eigene Macht zu demonstrieren und auszunutzen? Oder wollen diese „falschen" Soldaten ihre Vorfahren ehren, die hier einmal gekämpft haben?

Ich muss an die zahllosen Kriegsspiele im Internet denken, in denen es darum geht, Gebiete zu erobern, feindliche

Truppen oder Flotten zu zerstören oder Terroristen zu bekämpfen. In der Wissenschaft gibt es unterschiedliche Einschätzungen solcher Gewalt- oder Kriegsspiele. Es mag sein, dass die Spielenden ihre Reaktionsfähigkeit verbessern und lernen, strategisch zu denken, unterschiedliche Situationen gleichzeitig zu erkennen und zu beurteilen und blitzschnell zu reagieren. Aber kann man dies alles nicht genauso gut und effektiv durch Spiele mit gewaltfreien Inhalten trainieren? Vielleicht wurzelt in diesen Beobachtungen in der ersten Juniwoche mein Wunsch, in unserem Maison de la Paix Spiele und Aktivitäten anzubieten, in denen es nicht um Gewinnen und Verlieren geht, nicht um Bekämpfen von Gegnern. Vielmehr Spiele, in denen alle Mitspielenden das Ziel erreichen, und zwar nur, wenn sie gemeinsam handeln.

Als ich einen vor der Pfarrkirche geparkten Jeep entdecke, laufe ich kurzentschlossen in unser Haus, das hinter der Kirche liegt, und hole meine Harfe. Ich habe das dringende Bedürfnis, jetzt gleich ein Zeichen zu setzen, einen kleinen Kontrapunkt des Friedens in diesem kriegerischen Ambiente, auch wenn es nur ein ganz kleines Zeichen ist. Ich frage den stolzen Besitzer, ob ich auf seinem Fahrzeug Musik machen darf. Kein Problem, die militärisch wirkenden Herren sind alle recht freundlich. Ich klettere mit meiner Harfe auf den Jeep und beginne zu spielen. Friedliche Klänge auf einem Militärfahrzeug. Dabei weiß ich nicht, was mehr auffällt: die eher leise und meditativ klingende Harfe in der lauten Umgebung oder die Ordensfrau im weißen Ordenskleid auf einem Jeep. Egal, vielleicht brauche ich in diesem Moment einfach ein Ventil für meine Gefühle. Und vielleicht wird die Frage, ob diese Schwester auf dem Jeep echt ist und was das Ganze überhaupt soll, noch einige Menschen eine Zeit lang beschäftigen. Ein Jahr später wird mir ein Fotograf während meines Einkaufs auf dem Wochenmarkt einige Fotos von diesem Moment geben. „Sie sind doch die Schwester, die letztes Jahr auf dem Jeep Musik gemacht hat. Die Fotos schenke ich Ihnen", sagt er dazu.

Nach Sainte-Mère-Église und in viele andere Orte in der Umgebung der Landungsstrände kommen in den ersten Juniwochen Hunderte von Soldaten aus verschiedenen Ländern, um der Landung der Alliierten am 6. Juni 1944 zu gedenken und ihre gefallenen Kameraden zu ehren. Neben den Militärs reisen Tausende von Besuchern an. Sie wollen an den Feierlichkeiten teilnehmen. Sie wollen mitfeiern, mitreden und – ja – auch mitbeten. Der Beginn der Befreiung der Welt vom Nationalsozialismus wird jeweils eine ganze Woche lang gefeiert. Höhepunkt ist immer der Fallschirmabsprung am Sonntag der Festwoche. In diesem Jahr springen 353 Fallschirmjäger aus den USA, den Niederlanden, aus England und Deutschland über den Wiesen außerhalb des Dorfes ab, dort, wo in der Nacht vom 5. auf den 6. Juni 1944 ca. 14.000 Fallschirmjäger der alliierten Streitkräfte abgesprungen sind. Es war der Beginn der Operation Overlord[3].

Natürlich nehmen wir drei Ordensfrauen an den Feierlichkeiten teil. Wir wandern mit vielen anderen Festbesuchern zu den gut drei Kilometer entfernten großen Wiesen La Fière mit der Fallschirmjäger-Gedenkstätte „Memorial Parachutiste – Iron Mike Memorial". Hier haben im Juni 1944 erbitterte Kämpfe stattgefunden. Die 82. Luftlandedivision hatte den Auftrag, die Brücke über den kleinen Fluss Merderet und die Brücken im nahe gelegenen Chef-du-Pont einzu-

nehmen. Deutsche Soldaten hatten das Gebiet durch Über-
flutung zu einem Sumpf gemacht, was eine Landung aus der
Luft erheblich erschwerte.

Wir schauen gebannt zu, wie Flugzeuge sich nähern und
über unseren Köpfen die Fallschirmjäger abspringen. Sie
springen unmittelbar nacheinander, die amerikanischen, englischen, niederländischen und deutschen Fallschirmjäger. Es
ist eine gemeinsame, beeindruckende Verneigung vor den Kameraden, die vor 68 Jahren hier abgesprungen sind, um die
Landung der Schiffe vorzubereiten. Viele von ihnen haben
diesen Sprung damals mit ihrem Leben bezahlt. Mich bewegt
am meisten, dass auch deutsche Soldatinnen und Soldaten
abspringen dürfen. Das war in den ersten Jahren der Gedenk-
feier nicht so. Es ist ein Schritt Richtung Aussöhnung.

Nach dem Absprung wird die Feier an der Gedenkstätte mit Ansprachen und einem Gebet fortgesetzt. Es ist heiß,
die Sonne scheint von einem wolkenlosen Himmel, Schatten spendende Bäume gibt es kaum auf diesem Platz. Die
Soldaten stehen stramm und unbewegt. Plötzlich bricht
einer von ihnen zusammen. Da erst wird uns bewusst, welche Anstrengungen diese jungen Menschen auf sich nehmen.
Der Soldat hatte sich beim Aufkommen auf dem Boden das
Rückgrat verletzt. Trotz seiner Schmerzen wollte er der Zeremonie bis zum Ende beiwohnen. Für ihn war es soldatische
Pflicht und Ehre zugleich.

Sainte-Mère-Église ist einer der wichtigen Gedenkorte der
Invasion der Westalliierten. Eine der Hauptattraktionen ist
das Airborne Museum gegenüber der Kirche, das die Landung der Alliierten dokumentiert. Die andere Attraktion ist
die Pfarrkirche „Notre Dame de la Paix", auf Deutsch „Unse-

re Liebe Frau vom Frieden" mit ihrem Kirchturm, an dem eine Attrappe des amerikanischen Fallschirmjägers John Steele hängt. Doch dazu später mehr. Nahezu alle Touristen, die Sainte-Mère-Église besuchen, kommen in die Kirche. Und das durchaus nicht nur, um die Architektur der romanischen Kirche zu betrachten. Sie kommen, um innezuhalten, um ein wenig Ruhe und Stille zu finden. Und sie kommen, um zu beten für diejenigen, die während des Zweiten Weltkrieges hier gekämpft haben. Für die, die hier gefallen sind, und für sich selbst, die sie an ihre Landsleute denken. Das ganze Jahr über sehen wir diese stillen Besucher, sie entzünden Kerzen vor der Statue der Gottesmutter. Und sie lassen kleine Zettel mit ihren Gebetsanliegen zurück. In dieser Festwoche Anfang Juni kommen wir nicht nach mit dem Bereitstellen von Kerzen und Teelichten. Brennende Teelichte bedecken den gesamten Altar. Und wer keinen Platz für sein Teelicht findet, stellt es einfach in das brennende Teelicht eines anderen Beters. Es wirkt etwas bizarr und ist brandtechnisch gesehen natürlich äußerst gefährlich. Aber die Kirche ist zu keiner Stunde des Tages leer. Eine von uns drei Ordensschwestern und mehrere unserer vielen Helferinnen und Helfer sind hier anwesend, solange die Kirche geöffnet ist. Die Touristen sind nicht die Einzigen, die in unserer Kirche beten. Auch die Soldaten scheuen sich nicht, sich an diesem Ort der Gottesverehrung sehen zu lassen. Auch sie entzünden Kerzen und beten. Nicht wenige von ihnen sprechen uns an und bitten um unser Gebet.

Ist es die Sehnsucht nach Frieden, die so viele Menschen in unsere Pfarrkirche zieht? Ist es die Ahnung, dass hinter all dem Lauten, all dem Getöse dieser Welt etwas anderes sein muss? Etwas, das über unser Tun und Denken hinausreicht? Und das gleichzeitig tiefer gründet als unsere Überlegungen und Planungen? Viele Touristen sagen uns, dass es guttut, nach dem Besuch des Airborne Museums mit seiner stark kriegerischen Ausrichtung das Kirchengebäude zu betreten und von seiner Ruhe umfangen zu werden. Und sie verweilen hier. Vielleicht erahnen sie in diesem Raum etwas von Gottes Gegenwart. Vielleicht streift sie ein Hauch von Gottes Heiligkeit, wenn sie inmitten anderer Beterinnen und Beter ihr Herz öffnen für den Gott, der uns seine Liebe und seinen Frieden schenken will.

Diese und ähnliche Überlegungen gehen Schwester Anne-Françoise, Schwester Simone und mir durch den Kopf. Und drängende Fragen beschäftigen uns in diesen Monaten: Wozu sind wir hier? Was ist unser Auftrag? Was können wir ganz konkret tun, um dazu beizutragen, dass der Friede sich im Letzten stärker erweist als der Unfriede? Werden wir es schaffen, in uns selbst Frieden zu kultivieren und zu einer kleinen Gemeinschaft zusammenzuwachsen, der es gelingt vorzuleben, dass Frieden möglich ist?

„Jeder Hassgedanke und jeder Neid
gefährdet den Frieden."
(Klaus Schäfer SAC)

Ein normannisches Dorf und seine besondere Geschichte

Im September 2011 stehe ich zum ersten Mal in meinem Leben auf dem Kirchplatz jenes französischen Dorfes, das für knapp vier Jahre meine Heimat werden soll. Zur Sicherheit murmele ich den Satz noch einmal vor mich hin, mit dem ich meine zukünftige Mitbewohnerin gleich begrüßen werde: „Je m'appelle sœur Theresita, je viens d'Allemagne." Schwester Anne-Françoise begrüßt mich mit ausgebreiteten Armen. Später werde ich denken: „Sie hat mich mit offenen Armen begrüßt, obwohl ich Deutsche bin." Aber von solchen Empfindungen ahne ich 2011 noch nichts.

Schwester Anne-Françoise erklärt mir, was wir hier auf dem Kirchplatz von Sainte-Mère-Église sehen. Sie kennt die Gegend gut. Sie ist Bretonin, hat aber durch den Wechsel der Arbeitsstelle ihres Vaters lange in der Hafenstadt Cherbourg, 37 Kilometer nördlich von Sainte-Mère-Église, gewohnt. Vor uns befindet sich die für die Gegend typische romanische Pfarrkirche im normannischen Baustil mit ihrem Turm fast genau in der

19

Mitte des Kirchbaus über der Vierung, dem Raum, wo Haupt- und Querschiff sich kreuzen. Diese Kirche wird sozusagen unser zweites Zuhause werden. Links das Pfarrzentrum und die überdachte Markthalle. Rechts in der Verlängerung des Kirchplatzes der Marktplatz, umgeben von Wohnhäusern, Geschäften und dem ein oder anderen Bistro. Läden mit „originalen" Helmen mit „originalen" Einschusslöchern, mit Uniformen, Waffen und Gebrauchsgegenständen der 40er-Jahre wechseln sich wie selbstverständlich mit der Apotheke, der Metzgerei und der Bäckerei ab. Daneben französische und amerikanische Fahnen und Standbilder amerikanischer Soldaten in Angriffsposition. Gegenüber der Kirche befindet sich das Airborne Museum. Es dokumentiert die Invasion der Alliierten im Juni 1944 und ist der Erinnerung an die Fallschirmjäger der 82. und 101. Luftlandedivision der US-Armee gewidmet, die am D-Day in und um Sainte-Mère-Église landeten. Vor den Häusern und bei den über die Straßen gespannten Länderwimpelketten suche ich vergebens nach der deutschen Flagge. Als ich im Sommer 2023 Sainte-Mère-Église besuche, fallen mir sofort die Flaggenketten auf, die heute die Straßen überspannen, die deutsche Flagge flattert wie selbstverständlich zwischen der britischen und der französischen.

Touristenmagnet ist neben dem Airborne Museum die Pfarrkirche mit einer lebensgroßen Darstellung des Fallschirmjägers John Steele, der bei der Landung der Alliierten in der Nacht vom 5. zum 6. Juni 1944 mit seinem Fallschirm am Kirchturm hängen geblieben war. Der Film *Der längste Tag* hat diese Episode und damit das Dorf Sainte-Mère-Église weltberühmt gemacht. Und jetzt soll mir dieses Dorf zur Heimat und zur Aufgabe werden.

Sainte-Mère-Église, ca. 1.600 Einwohner, liegt auf der Halbinsel Cotentin im Departement La Manche und dem katholischen Bistum Coutances/Avranches im Nordwesten der Normandie. Neun Kilometer weiter östlich liegt der Utah Beach, einer der fünf Landungsstrände der Normandie.

Im fünften Kriegsjahr gelang den alliierten Streitkräften unter dem US-amerikanischen Oberbefehlshaber General Dwight D. Eisenhower, dem späteren US-Präsidenten, in der größten kombinierten See-, Luft- und Landoperation des Zweiten Weltkriegs der entscheidende Schlag, der den Anfang vom Ende des Nationalsozialismus bedeutete. BBC Radio London[4] hatte im Vorfeld den französischen Widerstandskämpfern der Résistance signalisiert, mit den ersten Zeilen des Gedichts *Chanson d'Automne*[5] den Beginn der Invasion der Alliierten anzukündigen. Die Radioübertragung der ersten drei Zeilen würde bedeuten, dass die Landung innerhalb der nächsten zwei Wochen stattfinden sollte, die Ausstrahlung der nächsten drei Zeilen sollte ankündigen, dass die „Operation Overlord" in den nächsten 48 Stunden beginnen würde. Die mutigen Frauen und Männer des Widerstands sollten mit der Ausstrahlung der ersten Gedichtzeilen verstärkt Sabotageakte besonders gegen das französische Eisenbahnnetz in der Normandie ausüben, um die Invasion vorzubereiten und die Verkehrswege der Wehrmacht größtmöglich zu behindern.

Am 1. Juni hören sowohl die Widerstandskämpfer als auch Experten der deutschen Abwehr die ersten drei Gedichtzeilen „Les sanglots longs / Des violons / De l'automne" (Die langen Seufzer der Violinen des Herbstes). Am 5. Juni um 23:15 Uhr erklingen im britischen Rundfunk die nächsten Zeilen:

„Blessent mon coeur / D'une langueur / Monotone" (Versehren mein Herz mit ihrer monotonen Schläfrigkeit).[6] Der Angriff erfolgt im Morgengrauen des sogenannten D-Days, am 6. Juni 1944 auf einer Breite von 98 Kilometern zwischen Sainte-Mère-Église und Ouistreham an fünf Strandabschnitten. Durch Luftaufnahmen und detaillierte Auskünfte der Widerstandskämpfer haben die alliierten Streitkräfte gute Kenntnis der Gegend. Amerikanische Truppen landen an den Stränden mit den Codenamen Utah Beach und Omaha Beach, britische Divisionen am Gold Beach und Sword Beach, eine kanadische Division am Juno Beach. Sie kommen mit 3.000 Trägerbooten, die von 700 Kriegsschiffen geschützt werden. Pro Tag können sie 50.000 Mann, 1.500 Panzer, 3.000 Kanonen und 2.500 Geländefahrzeuge an Land bringen. Gleichzeitig werfen die britische Royal Air Force und die amerikanische 8. Air Force 5.000 Tonnen Bomben ab.[7] General Collins, der mit dem 7. Armeekorps am Utah Beach landet, hat die Aufgabe, die Verbindung mit dem 5. Korps von General Gerow sicherzustellen, das am Omaha Beach landet, sowie die Halbinsel Cotentin bis zur Westküste in zwei Teile zu teilen und den Hafen von Cherbourg einzunehmen.[8]

Einige Stunden vorher starten Flugzeuge mit 14.000 Fallschirmjägern[9] zur Sicherung der Flotte und Unterstützung der Bodentruppen. Wegen der schlechten Sicht und des unwegsamen Geländes mit seinen dichten Hecken landen die Soldaten jedoch weit verstreut und können sich kaum zusammenschließen. Ziel der 82. und 101. Luftlandedivision ist die Einnahme von Sainte-Mère-Église und die Vorbereitung des Brückenkopfs[10] am Utah Beach. Viele Fallschirmjäger landen auf den sumpfigen und zusätzlich von den Deutschen überschwemmten Wiesen landeinwärts. Mit ihrer schweren Ausrüstung bleiben sie in den Sümpfen stecken und nicht wenige ertrinken, in ihren Fallschirmen verheddert. Dennoch gelingt es der 82. Luftlandedivision am Morgen des 6. Juni, Sainte-Mère-Église zu erobern. Die Einnahme dieses Ortes ist von so großer Bedeutung, weil er an der Nationalstraße 13 liegt, die Carentan mit der großen Hafenstadt Cherbourg verbindet. Die Sperrung dieser Straße ist ein immenser Rückschlag für die deutschen Truppen.

Eine Gruppe Fallschirmjäger springt unplanmäßig genau über Sainte-Mère-Église ab. Beim Landemanöver wird der amerikanische Soldat John Steele am linken Fuß verletzt, wahrscheinlich durch einen herumfliegenden Granatsplitter. Er verliert die Kontrolle über seinen Fallschirm und bleibt am Kirchturm von Sainte-Mère-Église hängen. Er zieht sein Messer, das er wie alle Fallschirmjäger in einer Messerscheide an den Unterschenkel gebunden mit sich führt. Er will die Seile des Fallschirms kappen, um sich zu befreien. Das Messer entgleitet ihm, Steele bleibt hilflos am Kirchturm hängen. Weit unter ihm landen seine Kameraden, viele werden noch im Landeanflug getötet, einige werden gefangen gesetzt, anderen gelingt es, die feindlichen Soldaten zu überwältigen. Drei Stunden hängt John Steele unbeweglich am Kirchturm. Um keine Aufmerksamkeit auf sich zu ziehen, stellt er sich tot.

Plötzlich eine Bewegung hinter ihm im Kirchturm. Steele weiß nicht, dass zwei deutsche Soldaten den Kirchturm, den höchsten Punkt des Dorfes, als Aussichtsturm nutzen, um die Umgebung zu überwachen. Der eine der Soldaten will den Amerikaner erschießen, doch der andere, Rudolph May, gebietet ihm kategorisch Einhalt. „Halt, wir schießen nicht. In einer Kirche tötet man nicht! Und außerdem würde der Schuss den Feinden verraten, dass wir hier oben sind." So wird ihn seine Tochter später zitieren. May durchtrennt einige Seile des Fallschirms und ermöglicht John Steele, sich zu Boden abzuseilen. Am Fuß der Kirche wird er gefangen genommen. Aber schon nach wenigen Tagen gelingt ihm die Flucht.

Rudolph May und John Steele werden sich nie wieder begegnen, auch wenn beide in späteren Jahren mehrmals Sainte-Mère-Église besuchen. Auf dem Kirchplatz steht bis heute eine Stele mit einem Foto von John Steele. „Unsterblich" macht ihn aber nicht diese Stele. Es ist etwas anderes, das ihn mit seiner spektakulären Landung in aller Welt bekannt gemacht hat. Zum einen die lebensgroße Fallschirmjägerpuppe mit ihrem Fallschirm, die bis heute am Kirchturm in Sainte-Mère-Église hängt und Jahr für Jahr rund 500.000 Touristen als beliebtes Fotoobjekt dient.

Zum anderen der 1962 ausgestrahlte US-amerikanische Kriegsfilm *The longest Day*, in Deutsch *Der längste Tag*, in Französisch *Le Jour le plus long*. In den drei Originalsprachen Englisch, Französisch und Deutsch erzählt er die Geschichte der Vorbereitung und Landung der Alliierten in der Normandie. Durch amerikanische, britische, französische und deutsche Filmgrößen wie John Wayne, Henry Fonda, Sean Connery, Bourvil, Gert Fröbe und Curd Jürgens und eine aufwendige Inszenierung gilt er als einer der letzten großen Kinofilme in Schwarz-Weiß. Detailgetreu zeigt der Film die Landung der Fallschirmjäger in und um Sainte-Mère-Église, auch die missglückte Landung John Steeles. Rudolph Mays Name wird nicht erwähnt. Er gerät in der Normandie jahrelang nahezu in Vergessenheit.

Zu seinem 50-jährigen Jubiläum wird *Le Jour le plus long* im Sommer 2012 auf dem Kirchplatz in Sainte-Mère-Église gezeigt. Am Public Viewing nehmen Hunderte interessierter Bewohner und Touristen teil. Als Deutsche unter so vielen Franzosen und Besuchern anderer Länder bewegt mich das hautnahe Nacherleben an historischer Stätte besonders. Gedanken von „Ich gehöre zu diesem Volk, gegen das hier gekämpft wird" bis „Hoffentlich wissen die vielen Zuschauer nicht, dass ich Deutsche bin" schießen mir durch den Kopf. Emotionen überrollen mich. Ich empfinde mit den alliierten Soldaten, die weitab ihres Zielortes landen und beim Versuch, ihre Kameraden zu finden, von deutschen Soldaten erschossen werden. Und ich empfinde mit, wenn deutsche Soldaten überwältigt und getötet werden.

Auch mein Vater war Soldat der Wehrmacht, so wie nahezu alle Männer seines Alters. Auch er hat in Frankreich, später in Nordafrika gekämpft. Nicht, weil er begeisterter Soldat oder gar Anhänger der Nationalsozialisten war, ganz im Gegenteil. Sondern weil er nach dem Abitur eingezogen worden war. Für meinen Vater endete der Kampf mit seiner Gefangennahme durch amerikanische Soldaten. Von seiner Gefangenschaft in den USA bis 1947 hat er des Öfteren erzählt, von seinem Dienst als Soldat so gut wie nie. Eine Frage hat er mir allerdings „vererbt": Warum sollen junge Männer aus einem Land junge Männer eines anderen Landes bekämpfen und töten, obwohl sie sich überhaupt nicht kennen und nichts gegeneinander haben?

Und noch etwas geht mir durch den Kopf an jenem Abend: Als eine Masse von Zuschauern aus unterschiedlichen Ländern werden wir vor der Kirche für einige Stunden zu einer Gemeinschaft, weil uns die gleiche Aufmerksamkeit verbindet. Weil wir gemeinsam ausgerichtet sind auf ein Ereignis, das die Welt verändert hat. Weil wir auf historischem Boden der Männer gedenken, die begonnen haben, die Welt von dem schrecklichen Wahn des Nationalsozialismus zu befreien. Unser gemeinsames Nacherleben der Geschichte verbindet uns an diesem Abend über alle Länder- und Sprachgrenzen hinweg.

Drei Jahre nach diesem Ereignis, im Frühjahr 2015, sitze ich in der Küche des Maison de la Paix bei einer Tasse Kaffee, als Schwester Monique, eine mit uns befreundete Ordensschwester, mit einem Ehepaar auf unser Haus zukommt. Monique wirkt anders als sonst, freudig erregt, sie bekommt kaum über die Lippen, was sie sagen will. „Theresita, stell dir vor, wen ich getroffen habe. Ich bin in der Kirche, um ansprechbar zu sein für Besucher. Da spricht mich ein deutsches Paar an und fragt, ob es jemand gibt, der Deutsch spricht, sie hätten etwas mit John Steele zu tun. Ich habe gesagt, dass du aus Deutschland bist und dass wir jetzt gemeinsam ins Maison de la Paix gehen." Ich bin gespannt, was das Paar zu berichten hat. Bei Kaffee und Plätzchen erzählt Helene Reinartz, geborene May, dass sie die Tochter des ehemaligen Soldaten Rudolph May ist, der während des Zweiten Weltkrieges in der Normandie gekämpft und die Landung der Alliierten in Sainte-Mère-Église miterlebt hat. „Wissen Sie, mein Partner und ich wollten nicht letztes Jahr zum 70-jährigen Gedenken der Befreiung kommen, wir wollten dem Trubel aus dem Weg gehen. Darum sind wir dieses Jahr gekommen. Ich würde so gern einmal auf den Kirchturm steigen, wo mein Vater den amerikanischen Soldaten befreit hat. Meinen Sie, dass das möglich ist?"

Der Kirchturm unserer Pfarrkirche ist für Besucher aus Sicherheitsgründen nicht zugänglich, unter anderem, weil die enge, etwas wackelige Wendeltreppe nicht gesichert ist. Die kleine unscheinbare Turmtür im Inneren der Kirche ist daher immer verschlossen. Ich rufe Bürgermeister Jean Quétier an und frage, ob es für diesen besonderen Fall eine Ausnahmegenehmigung gibt. Der Schlüssel zur Tür des Kirchturms ist in der Stadtverwaltung aufbewahrt, denn Kirchengebäude sind in Frankreich Eigentum des Staates. Monsieur Quétier ist freudig überrascht von diesem Besuch und verspricht, einen Mitarbeiter zu schicken, der mit uns den Turm besteigen wird.

Mittlerweile ist meine Mitschwester Anne-Françoise zurückgekehrt. Sie lässt es sich nicht nehmen, uns auf den Turm zu begleiten. Geführt von dem freundlichen Angestellten der Stadtverwaltung steigen wir vorsichtig die Wendeltreppe hinauf. Oben angekommen stellen sich Helene Reinartz und ihr Partner Harald Gitzen an die Stelle, an der der Amerikaner mit seinem Fallschirm hängen geblieben war. Nur ein kurzer Moment, und Helene nimmt ihr Handy und ruft ihre betagte Tante an, die Schwester von Rudolph May. Wir sehen ihrer Mimik an, dass ihre Tante ähnlich bewegt ist wie sie selbst. Und dann wiederholt sie uns, was ihre Tante gesagt hat: „Sag auf jeden Fall, dass Rudolph den amerikanischen Soldaten nicht getötet hat. Sag ihnen allen, dass er gesagt hat: ‚In einer Kirche tötet man nicht.‘ Bitte, sag es ihnen!" Wir sind so bewegt, dass uns die Tränen kommen.

Als ich Helene Reinartz acht Jahre nach ihrem Besuch auf den Spuren ihres Vaters frage, ob ich über sie schreiben darf, sagt sie ohne Zögern zu und schreibt in ihrer E-Mail:

Der Ort Sainte-Mère-Église, die Kirche und der Aufenthalt im Kirchturm haben mich tief bewegt. Dieser Ort, wo mein verstorbener Vater Rudolf May am 6. Juni 1944 als Wehrmachtssoldat die Landung der alliierten Streitkräfte, vermutlich in Todesangst, erlebte. Als gläubiger Katholik war es für ihn unmöglich, den hilflos an einem Fallschirm hängenden feindlichen Soldaten John Steele in einem Haus Gottes zu töten." Und gemeinsam mit ihrem Lebenspartner fährt sie fort: „Unsere Kontakte mit den Bewohnern von Sainte-Mère-Église waren herzlich und freundlich. Wir dürfen nicht vergessen, dass Deutschland im vergangenen 20. Jahrhundert Angst und Schrecken über unsere Nachbarn gebracht hat. Aber die Sicht auf Deutschland hat sich bei unseren Nachbarn geändert, denn nicht nur in Sainte-Mère-Église hängt wieder eine deutsche Fahne, ebenso bei unseren englischen Freunden in Exmouth – denn wir kommen als Freunde in Frieden.

Diese Aussage „In einer Kirche tötet man nicht" ist mitten in einem mörderischen Krieg eine Geste der Versöhnung zwischen zwei Völkern, die aufgrund von Größenwahn und ungerechtfertigten Machtansprüchen zu Feinden geworden sind. Gerade, weil Menschen im Laufe der Jahrhunderte immer wieder Gegenteiliges erleiden mussten. Denn immer wieder wurden und werden Menschen wegen ihrer Überzeugungen verfolgt und getötet. Immer wieder wurden Menschen in Kirchen getrieben, die dann angezündet wurden. Vielleicht schimmert in der Aussage „In einer Kirche tötet man nicht" etwas vom Wirken Gottes durch, der ein Gott des Friedens ist und der für alle Völker und für jeden einzelnen Menschen Frieden will.

*„Du darfst auf keinen Fall deinen inneren Frieden
verlieren, auch dann nicht, wenn die ganze Welt
aus den Fugen zu geraten scheint."*

(Franz von Sales, 1567 bis 1622)

Die Kirche und der Frieden

Es war Bischof Stanislas Lalanne, bis 2013 Bischof der Diözese Coutances/Avranches, der die Idee hatte, in seinem Bistum
ein Friedenszentrum mit Ordensschwestern aus unterschiedlichen Ländern und Ordensgemeinschaften zu errichten.
Und zwar in genau dem Dorf, in dem 1944 die Befreiung
der Welt vom Nationalsozialismus begonnen hatte. Der „Frie-
dens-Konvent" sollte für die Länder stehen, die an diesem
Befreiungskampf beteiligt waren. Zwei französische Ordensschwestern als Repräsentantinnen des ersten befreiten Landes,
eine Amerikanerin als Repräsentantin der Siegermächte und
eine Deutsche als Repräsentantin des Aggressors. Aha: Meine
Rolle wird (oder besser: soll?) es also zukünftig sein, nicht nur
mein Heimatland zu repräsentieren, sondern eine Ideologie,
die in der ersten Hälfte des 20. Jahrhunderts Millionen von
Menschen das Leben gekostet hat. Eine Ideologie, die meiner
Überzeugung als Christin, vielmehr meiner Grundhaltung als
Mensch, diametral entgegensteht. Kann ich mich auf diese
Rolle einlassen? Wird es mir gelingen, zwischen „deutschen
Soldaten" und „Nazis" zu unterscheiden und diese Unterschei-

dung in unser aller Köpfe und Herzen fest zu verankern? Im 70-jährigen Gedenkjahr der Landung der Alliierten wird mir die damalige deutsche Botschafterin in Frankreich, Dr. Susanne Wasum-Rainer, sagen: „Ich bin die Botschafterin Deutschlands, Sie sind die Botschafterin des Friedens." In dieser Rolle fühle ich mich sehr viel wohler: Botschafterin des Friedens zu sein. Genau das ist meine Aufgabe hier in der Normandie: zu sagen und zu leben, dass Frieden möglich ist, dass Anderssein eine Bereicherung ist und nichts Bedrohliches, dass wir alle in unserem „Haus Europa" zusammengehören.

Alle Religionen bekennen sich zum Frieden als eine ihrer vordringlichsten Aufgaben. Keine Glaubensgemeinschaft würde von sich behaupten, un-friedlich zu sein. Und doch können wir nicht leugnen, dass es immer schon religiös motivierte Gewalt gegeben hat und bis heute gibt. Gewalt, Terror, Hinrichtungen, die im Namen Gottes verübt werden. Gewalt, die zahllose Menschenleben fordert und unendliches Leid gebracht hat und immer noch bringt. Davon können und wollen sich auch die christlichen Kirchen nicht freisprechen. Umso wichtiger ist es, dass gerade die Kirchen sich für ihre „Berufung zum Frieden", die allen Menschen und damit auch allen Religionen sozusagen ins Stammbuch geschrieben ist, aktiv einsetzen.

So lud Papst Johannes Paul II. (Oberhaupt der katholischen Kirche von 1978–2005) erstmals 1986 zu einem Weltgebetstreffen der Religionen in Assisi ein. 150 Vertreter der Weltreligionen diskutierten miteinander, legten ein gemeinsames Bekenntnis zum Frieden ab und verurteilten jegliche Gewalt im Namen der Religion. Jede Religionsgemeinschaft betete für den Frieden.

Zu einem zweiten Treffen lud Johannes Paul II. angesichts der Balkankrise 1993 ein. Nach dem Terroranschlag vom September 2001 in New York lud er im Januar 2002 zu einem dritten Treffen in Assisi ein, an dem 300 Delegierte der Weltreligionen in die Stadt des heiligen Franz von Assisi reisten. Papst Benedikt XVI. lud 2011 zu einem Treffen ein und erweiterte den Kreis der Delegierten auf Atheisten und Agnostiker. 2016 nahm Papst Franziskus an dem Treffen mit rund 500 Religionsvertretern teil.

Der „Dekalog von Assisi für den Frieden", am 24. Januar 2002 von allen Religionsvertretern gemeinsam verabschiedet, hat bis heute nichts von seiner Aktualität und Bedeutung eingebüßt.

Der Dekalog von Assisi für den Frieden

1. Wir verpflichten uns, unsere feste Überzeugung kundzutun, dass Gewalt und Terrorismus dem authentischen Geist der Religion widersprechen. Indem wir jede Gewaltanwendung und den Krieg im Namen Gottes oder der Religion verurteilen, verpflichten wir uns, alles Mögliche zu tun, um die Ursachen des Terrorismus zu beseitigen.

2. Wir verpflichten uns, die Menschen zu gegenseitigem Respekt und gegenseitiger Hochachtung zu erziehen, damit sich ein friedliches und solidarisches Zusammenleben zwischen den Angehörigen unterschiedlicher ethnischer Gruppen, Kulturen und Religionen verwirklichen lässt.

3. Wir verpflichten uns, die Kultur des Dialogs zu fördern, damit gegenseitiges Verständnis und Vertrauen zwischen den Einzelnen und den Völkern wachsen, die Voraussetzung für einen wahren Frieden sind.

4. Wir verpflichten uns, das Recht jeder menschlichen Person auf ein würdiges Leben gemäß seiner kulturellen Identität und auf die freie Gründung einer eigenen Familie zu verteidigen.

5. Wir verpflichten uns zum aufrichtigen und geduldigen Dialog, indem wir nicht darauf achten, was uns wie eine unüberwindbare Mauer trennt, sondern im Gegenteil erkennen, dass die Begegnung mit dem, was uns von anderen Menschen unterscheidet, zu einem besseren gegenseitigen Verständnis beitragen kann.

6. Wir verpflichten uns, einander die Irrtümer und Vorurteile in Vergangenheit und Gegenwart zu verzeihen und uns im gemeinsamen Bemühen zu unterstützen, Egoismus und Übergriffe, Hass und Gewalt zu besiegen und aus der Vergangenheit zu lernen, dass Friede ohne Gerechtigkeit kein wahrer Friede ist.

7. Wir verpflichten uns, an der Seite derer zu stehen, die unter Not und Verlassenheit leiden, und uns zur Stimme derer zu machen, die selber keine Stimme haben. Wir müssen konkret an der Überwindung solcher Situationen mitwirken, von der Überzeugung getragen, dass niemand allein glücklich sein kann.

8. Wir verpflichten uns, uns den Ruf all jener zu eigen zu machen, die nicht vor der Gewalt und dem Bösen resignieren. Wir wollen mit all unseren Kräften dazu beitragen, der Menschheit unserer Zeit eine wirkliche Hoffnung auf Gerechtigkeit und Frieden zu geben.

9. Wir verpflichten uns, jede Initiative zu ermutigen, die die Freundschaft zwischen den Völkern fördert, in der Überzeugung, dass der technologische Fortschritt eine zunehmende

Gefahr von Zerstörung und Tod für die Welt mit sich bringt, wenn ein solidarisches Einverständnis zwischen den Völkern fehlt.

10. Wir verpflichten uns, die Verantwortlichen der Nationen dazu aufzufordern, auf nationaler wie internationaler Ebene alle Anstrengungen zu unternehmen, damit auf der Grundlage der Gerechtigkeit eine Welt der Solidarität und des Friedens erbaut und gefestigt wird.[11]

Der erste Satz, den Jesus im ältesten der vier Evangelien sagt, heißt: „Die Zeit ist erfüllt, das Reich Gottes ist nahe. Kehrt um und glaubt an das Evangelium!" (Markusevangelium 1,14). Damit fasst er seine Botschaft an die Menschen zusammen. Das Reich Gottes, von dem Jesus spricht, ist das Reich, in dem Gott herrscht. Es ist ein Reich des vollkommenen Friedens und der vollkommenen Gerechtigkeit.

Was Gerechtigkeit konkret bedeutet, lässt sich an den ersten beiden Worten des Gebetes ablesen, das alle Christen überall auf der Welt beten: das Vaterunser. Wir sprechen Gott ja nicht mit „Mein Vater" an, sondern mit „Unser Vater". Was bedeutet das denn anderes, als dass wir alle, wirklich alle Menschen, Kinder desselben Vaters sind? Und also gleich sind vor Gott? Es kann oder besser dürfte dann gar keine Wertunterschiede zwischen hohen und niedrigen gesellschaftlichen Positionen geben. Menschen egal welcher Herkunft, Bildung, Überzeugung und Vergangenheit müssten die gleiche Würde und das gleiche Ansehen genießen.

In den vielen Friedensorganisationen und -initiativen und ihren Appellen und Publikationen engagieren sich die christlichen Kirchen immer wieder für Frieden und Versöhnung.

Sie fordern Politik und Gesellschaft auf, nicht tatenlos zuzusehen, sondern mutig und engagiert aufzustehen gegen Unrecht und Gewalt und sich einzusetzen für mehr Menschlichkeit: „Um Frieden zu schaffen, braucht es Mut, sehr viel mehr, als um Krieg zu führen. Es braucht Mut, um Ja zu sagen zur Begegnung und Nein zur Auseinandersetzung; Ja zum Dialog und Nein zur Gewalt; Ja zur Verhandlung und Nein zu Feindseligkeiten; Ja zur Einhaltung der Abmachungen und Nein zu Provokationen; Ja zur Aufrichtigkeit und Nein zur Doppelzüngigkeit. Für all das braucht es Mut, eine große Seelenstärke"[12], sagt Papst Franziskus. Und er weist auf die Herausforderungen für die ganze Welt hin, die sich aus den unmenschlichen Kriegen ergeben: „Der Krieg darf nichts Unvermeidliches sein: wir dürfen uns nicht an den Krieg gewöhnen! Vielmehr müssen wir die Empörung von heute in das Engagement von morgen verwandeln. Denn wenn wir aus dieser Geschichte genauso hervorgehen wie vorher, dann werden wir alle auf die eine oder andere Art schuldig sein. Angesichts der Gefahr der Selbstzerstörung möge die Menschheit begreifen, dass die Zeit gekommen ist, den Krieg abzuschaffen, ihn aus der Geschichte der Menschheit zu tilgen, bevor er den Menschen aus der Geschichte tilgt."[13]

Friedensarbeit ist die Verantwortung aller. Sie liegt in der Verantwortung derer, die die Völker regieren. Und sie liegt in der Verantwortung jedes und jeder Einzelnen von uns. Denn Frieden beginnt im eigenen Herzen. Mahatma Gandhi, der große Apostel des Friedens, hat diese so einfache wie schwierig umzusetzende Tatsache in poetischen Worten beschrieben. Zu vielen Gelegenheiten werde ich im Lauf der nächsten drei Jahre sein Gedicht zitieren:

Wenn du Frieden in der Welt willst,
braucht es Frieden in deinem Land.
Wenn du Frieden in deinem Land willst,
braucht es Frieden in deiner Region.
Wenn du Frieden in deiner Region willst,
braucht es Frieden in deiner Stadt.
Wenn du Frieden in deiner Stadt willst,
braucht es Frieden in deiner Straße.
Wenn du Frieden in deiner Straße willst,
braucht es Frieden in deinem Haus.
Wenn du Frieden in deinem Haus willst,
braucht es Frieden in deinem Herzen.[14]

„Um den Frieden zu sichern,
muss man Europa organisieren. "
(Aristide Briand, 1862 bis 1932)

Beauftragt und ausgesandt

Im 2011 begann also alles: Im Januar lädt Schwester Thérèse Revault, die Vorsitzende der französischen Konferenz der Ordensgemeinschaften, die Schwestern und Brüder aller Gemeinschaften zu einem Treffen in Caen ein. Einziger Punkt der Tagesordnung: das Projekt eines interkongregationalen Konventes, also einer kleinen Gruppe von Ordenschristen aus unterschiedlichen Gemeinschaften, in Sainte-Mère-Église. Schwester Thérèse liest den Brief von Bischof Stanislas Lalanne vor, in dessen Bistum das Dorf Sainte-Mère-Église liegt.

Liebe Schwester Thérèse,
mit diesen kurzen Zeilen möchte ich Ihnen herzlich danken
dafür, dass Sie vom 4. Januar an die Generaloberinnen be-
gleiten, die auf den Anruf der Kirche gehört haben, einen in-
terkongregationalen und — wenn möglich — internationalen
Konvent in Sainte-Mère-Église zu gründen, an diesem Erin-
nerungsort, der heute so notwendig ist.
Ich unterstütze ein solches Projekt sehr lebhaft, ein Projekt,
das durch die Präsenz, den Empfang, durch Teilen, durch die

Öffnung und durch das Gebet sowie durch eine Anzahl von Initiativen und Vorschlägen Zeugnis geben wird für den Frieden und die Versöhnung in einer Welt, die das so nötig hat.

Diese Gründung wird dazu beitragen, zahlreiche Touristen zu empfangen und auch Aktivitäten zu organisieren für Gruppen, Aktivitäten, die die Erziehung zum Frieden begünstigen.

Ein solches Projekt muss allerdings, das versteht sich von selbst, eine starke spirituelle und missionarische Dimension haben.

Seien Sie, liebe Schwester, meiner sehr herzlichen Grüße versichert.

Stanislas Lalanne
Bischof von Coutances und Avranches

Sehr bald sind sich die versammelten Ordensleute einig und halten im Protokoll fest:

Ste. Mère-Église ist ein Ort der Erinnerung, ein Ort der Wallfahrt, den fast eine halbe Million Besucher jedes Jahr aufsuchen; sie kommen aus den unterschiedlichsten Gegenden Frankreichs, aus Europa und Amerika: Geschichte verpflichtet.

Diese kleine Stadt von 1.600 Einwohnern ist ein Ort, ein Leuchtturm, in unserem Departement La Manche und in unserer Diözese. Denn diejenigen, die hierherkommen, kommen nicht nur, um zu besichtigen, sondern auch, um sich zu erinnern und den Befreiern Ehre zu erweisen. Die Gebetsintentionen, die in der Kirche niedergelegt werden, geben Zeugnis von der Sorge um den Frieden und die Versöhnung in den Familien und unter den Nationen, die noch im Streit miteinander liegen. Im Zentrum des Dorfes ist die Kirche der meistbesuchte Ort. Sie wurde berühmt durch den Fallschirmspringer, der am Kirchturm hängen blieb.

Die Gedächtnisfeiern zum 6. Juni sind bedeutende Manifestationen von internationalem Ausmaß. Der Wunsch von Monseigneur Lalanne, Bischof der Diözese Coutances/Avranches, ist es, im Herzen dieser Wirklichkeit ein pastorales Projekt zu gründen, um aus diesem geschichtlichen Ort einen Ort zu machen, an dem Menschen empfangen und Angebote gemacht werden, ein spiritueller Raum, in dem die Thematik des Friedens und der Versöhnung bedacht und entfaltet wird. Dieses pastorale Projekt könnte getragen werden von einer interkongregationalen und internationalen religiösen Gemeinschaft und einer örtlichen „Lotsengruppe".

Die Aufgabe der religiösen Gemeinschaft wäre es: sich gesandt zu wissen, um im Namen der Kirche und mit anderen Christen an diesem Erinnerungsort da zu sein für die Besucher, Pilger, Touristen … und die Verwirklichung und die Koordination des gesamten Vorhabens zu garantieren.

Die Teilnahme an diesem Projekt ist zunächst auf drei Jahre angelegt. Nun besteht die dringende Aufgabe, Schwestern zu finden, die bereit sind, ihre bisherige Arbeit aufzugeben und etwas völlig Neues zu beginnen: das Wagnis einer Lebensgemeinschaft mit Schwestern anderer Ordensgemeinschaften, anderer Gewohnheiten, anderer Muttersprachen und Kulturen. Leichter gedacht als getan. In Frankreich wie in vielen Ländern Europas hat die Zahl der Ordensleute in den letzten Jahrzehnten stark abgenommen. Auch in Deutschland ist die Situation sehr ähnlich. Die Schwestern und Brüder, die noch da sind, werden in ihren Gemeinschaften gebraucht. Die jüngeren Mitglieder arbeiten häufig in einem Anstellungsverhältnis. Ihr Gehalt dient dem Lebensunterhalt der Ordensmitglieder. Ich kenne diese Situation. Ich arbeite als Schulleiterin in unserer ordenseigenen Berufsbildenden Schule in Heiligenstadt/Thüringen. Mein Verdienst fließt in das Budget meiner Gemeinschaft. Die Frage, die sich alle beteiligten Orden stellen: Ist eine unserer Schwestern bereit und fähig, Teil dieses Projektes zu werden? Und wenn ja: Können wir es uns leisten, auf sie selbst und auf ihren Verdienst zu verzichten?

Bischof Lalanne drückt sehr deutlich seinen Wunsch aus, dass eine Schwester aus Deutschland an dem neuen Friedensprojekt teilnimmt. Darum spricht er Soeur Cécile Banse, die Generaloberin der französischen Schwestern der heiligen Maria Magdalena Postel in St. Sauveur-le-Vicomte, an, einem Ort seines Bistums, nur 18 Kilometer von Sainte-Mère-Église entfernt: „Sie haben Schwestern Ihres Ordens in Deutschland. Fragen Sie diese bitte einmal, ob nicht eine von ihnen mitmachen könnte."

Schwester Cécile, die am ersten Treffen in Caen teilgenommen hat, ruft Schwester Adelgundis an, die Assistentin unserer Generaloberin in Heiligenstadt, die fließend Französisch spricht. Sie erzählt von dem Friedensprojekt, das in der Nähe des Utah Beaches entstehen soll. Unsere Generaloberin Schwester Aloisia, Schwester Adelgundis und weitere verantwortliche Schwestern gehen im Geist alle Mitglieder unserer Gemeinschaft durch. Aus irgendeinem Grund fällt ihr Augenmerk auf mich. Schwester Fátima, die für eine Konferenz aus Brasilien angereist ist, sagt: „Es gibt Aufgaben, die genauso gut auch von Laien übernommen werden können. Aber es gibt auch Aufgaben, bei denen eine Ordensfrau unersetzbar ist. Mir scheint, für diese Friedensarbeit in Sainte-Mère-Église werden Ordensleute gebraucht." Von all diesen Überlegungen weiß ich zu dem Zeitpunkt noch nichts.

Karsamstag 2011. Am Abend sitze ich in unserem kleinen Oratorium mit einer großen „Gebetslast". Unsere Ordensleitung hat mich gefragt, ob ich bereit sei, die Leitung unserer Berufsbildenden Schule aufzugeben und für drei Jahre nach Frankreich zu gehen. Ja, in der Schule habe ich Französisch gelernt, aber seit dem Abitur habe ich so gut wie kein Wort Französisch mehr gesprochen. Mein Schulfranzösisch ist tief vergraben in Gehirnregionen, die nur noch schwer zugänglich sind. Und mit meinem Latein und Griechisch aus dem Theologiestudium werde ich in Frankreich auch nicht wirklich etwas anfangen können. Ja, möglicherweise fällt es mir nicht schwer, auf fremde Menschen zuzugehen und Kontakte zu knüpfen. Aber gleich für drei Jahre ins Ausland gehen? Außerdem arbeite ich gern in meiner Schule und hier werde ich doch sicher auch gebraucht, oder nicht?

Ich nehme mir vor, bis 21:00 Uhr zu beten. Plötzlich die innere Gewissheit: „Es ist richtig", und im selben Moment höre ich neun Glockenschläge der unserem Kloster gegenüberliegenden Martinskirche. Ich deute diesen „Zufall" als „von Gott zugefallen" – ER will es.

Ende September 2011: Als potenzielle Teilnehmerinnen am Friedensprojekt sind unsere Ordensleitung und ich eingeladen, an einem Treffen mit Bischof Lalanne und dem Organisationsteam französischer Ordensleute teilzunehmen. Auch der Leiter von Pax Christi[15] ist vertreten und steht uns mit Rat und Tat zur Seite. Schwester Simone Delaunay, die ehemalige Generaloberin der Sœurs de Sainte-Marie de Torfou, entscheidet sich, der neuen Kommunität beizutreten, ebenso sagt Schwester Anne-Françoise Angomard vom Apostolischen Karmel in Avranches zu. Auch ich entschließe mich, Ja zu sagen und meinen Lebensmittelpunkt von Thüringen in die Normandie zu verlegen. Aus den USA soll eine vierte Schwester unsere kleine Gemeinschaft verstärken. Diese muss allerdings noch gefunden werden.

In Sainte-Mère-Église schauen wir uns ein zum Verkauf stehendes Haus an, das die CORREF[16], das Bistum Coutances/Avranches und die Pfarrei Notre Dame de la Paix, für das Friedensprojekt erwerben wollen. Das Haus eignet sich gut für unser Vorhaben. Eine große Scheune gehört dazu. Vor und hinter dem Haus liegt jeweils eine Wiese, die zu Outdoor-Aktivitäten einlädt. Das Grundstück befindet sich in unmittelbarer Nähe zu Kirche und Pfarrzentrum. Allerdings bedarf es größerer Renovierungsarbeiten am Haus, und die recht baufällige Scheune kann derzeit nur mit größter Vorsicht betreten werden, was uns aber nicht davon abhält, sie in unseren Träumen in ein Friedenszentrum umgebaut zu sehen.

Anfang März 2012 können Schwester Anne-Françoise, Schwester Simone und ich das renovierte Haus beziehen. Von der Bevölkerung wird es sofort „Maison de la Paix" (Haus des Friedens) genannt – unser Abenteuer beginnt.

12. März 2012. Unsere Pfarrkirche ist zu klein für die vielen Menschen, die mit uns feiern wollen. Darum findet der Festgottesdienst zu unserer Beauftragung in Sainte Marie du Mont statt, einem Nachbarort direkt am Utah Beach, der zu

unserer Pfarrgemeinde gehört. Bischof Lalanne und unsere drei Generaloberinnen beauftragen uns mit der Mission:

Ihr seid gemeinsam ausgesandt, um von Christus zu leben und zu bezeugen, dass Geschwisterlichkeit zwischen Menschen verschiedener Nationalitäten möglich ist, die im Laufe der Geschichte Zeiten des Krieges erlebt haben. Durch eure Unterschiede bereichert, werdet ihr euch die nötige Zeit nehmen, um ,Gemeinschaft zu werden' und bestimmte Haltungen wie Respekt, Freiheit, Wahrheit, Vertrauen, Freude … zu pflegen. Durch die Art und Weise, wie ihr zusammenlebt, wird eure Gemeinschaft für euch selbst zu einer Quelle und für diejenigen, die mit euch zu tun haben werden, ein Reichtum. Die erste Aufgabe der Gemeinschaft ist es, da zu sein kraft des Gebetes, Symbol des Friedens und der Versöhnung, durch die Internationalität ihrer Mitglieder und den Reichtum der Charismen der einzelnen Kongregationen.

Wir erhalten diesen Sendungsauftrag sehr schön gestaltet in einer roten Mappe. Meine Generaloberin überreicht uns als Geschenk eine Öllampe aus Israel in Form einer Friedenstaube. Diese Friedenstaube wird ab jetzt täglich in unserer Pfarrkirche brennen.

Henri Milet, der Bürgermeister von Sainte Marie du Mont, hat es sich nicht nehmen lassen, persönlich den Gemeindegesang der Kirchenlieder zu dirigieren, so wie es in vielen Kirchen Frankreichs üblich ist.

Nach dem Gottesdienst lädt Henri uns zu einem typisch französischen Festessen ein. Es wird meine erste Bewährungsprobe in Bezug auf die Esskultur meiner neuen Heimat – ich scheitere kläglich. Erster Gang: Austern. Zweiter Gang: Fisch. Auch in fast vier Jahren Leben auf der Halbinsel Cotentin habe ich es nicht gelernt, Fisch oder die hier so begehrten Meeresfrüchte zu lieben. Und ausgerechnet heute, am Tag des offiziellen Starts unseres Friedensprojekts, unter den Augen von Bischof, Priestern, Ordensleuten und vielen zukünftigen Freunden, werden Austern und Fisch serviert. Noch nie im Leben habe ich geöffnete Austernschalen gesehen, geschweige denn Austern gegessen. Sie gelten als Delikatesse. Alle Augen außer den meinen leuchten, als Henris Frau Catherine die Austern hereinbringt. Ich schaue mich verstohlen um: Wie geht man mit so etwas um? Ich möchte mich auf keinen Fall gleich am ersten Tag blamieren. Alle genießen ihre „huitres". Ich frage leise meinen Nebenmann Pfarrer Robert Mabire, ob er mich ein Stückchen seiner Auster probieren lässt. Natürlich lässt Robert mich kosten. Damals wusste ich noch nicht, dass Austern lebendig geschlürft werden. Das arme Tierchen! Was er und alle anderen um uns herum über diese kulturlose Deutsche gedacht haben mögen, möchte ich gar nicht wissen. Unserer gegenseitigen Sympathie hat es Gott sei Dank nicht geschadet. Im Gegenteil: Wir haben später des Öfteren über diese Situation gelacht.

Der feierliche Gottesdienst, die Anteilnahme und Freundlichkeit der Bevölkerung und das Vertrauen, das uns von Anfang an entgegengebracht wird, ermutigen uns, in den folgenden Wochen genauer darüber nachzudenken, wozu wir hier sind und was wir konkret machen wollen. Immer wieder bewegt uns die gleiche Frage: Lässt sich Frieden lernen? Und vielleicht muss eine andere Frage noch vor dieser Frage gestellt werden: Lassen sich Gewalt und Missbrauch von

Macht ver-lernen? Wenn ja, wie geht das? Können wir hier, wo wir leben, etwas dafür tun, dass die Welt um uns herum ein wenig friedlicher und menschenfreundlicher wird? Das, was unser Gründerbischof Lalanne uns als unsere Mission, unseren Auftrag, mitgegeben hat, was heißt das eigentlich ganz konkret für uns: „Ihr seid gemeinsam ausgesandt, zu bezeugen, dass Geschwisterlichkeit zwischen Menschen verschiedener Nationalitäten möglich ist, die im Laufe der Geschichte Zeiten des Krieges erlebt haben"? Im täglichen Miteinander merken wir, dass es tatsächlich gar nicht so einfach ist, Geschwisterlichkeit zu leben. Wir kommen aus verschiedenen Ländern, zwischen uns besteht ein recht großer Altersunterschied, unsere Lebensgewohnheiten in den Klöstern, in denen wir bislang gelebt und gewirkt haben, waren unterschiedlich.

In der Beauftragung heißt es weiter: „Durch eure Unterschiede bereichert, werdet ihr euch die nötige Zeit nehmen, um ‚Gemeinschaft zu werden' und bestimmte Haltungen wie Respekt, Freiheit, Wahrheit, Vertrauen, Freude … zu pflegen." Schon äußerlich wird ein großer Unterschied deutlich: In Frankreich haben die meisten Ordensgemeinschaften ihre Ordenstracht abgelegt. Die Schwestern sind also von ihrem Aussehen her nicht als Ordensfrauen erkennbar. Meine Ordensgemeinschaft hat in Deutschland Ordenskleid und Schleier beibehalten. Gott sei Dank, finde ich. Nie hatte ich Probleme damit, Ordenstracht zu tragen, auch nicht in Gegenden, in denen sich nur noch eine Minderheit der Bevölkerung zum christlichen Glauben bekennt. Hier in Sainte-Mère-Église falle ich sofort auf und mancher fragt sich: „Warum läuft Schwester Theresita denn im Ordenskleid herum?"

Wie ungewohnt meine Kleidung für viele Menschen ist, erfahre ich hautnah in der Vorweihnachtszeit: Die katholische Primarschule des Ortes hat mich gebeten, mit den Kindern französische und deutsche Weihnachtslieder einzuüben. Ich sage mit Freuden zu und gemeinsam singen wir „Stille Nacht – Douce nuit", „O Tannenbaum – Mon beau sapin", „Engel auf den Feldern singen – Les anges dans nos campagnes" … Als ich im Dezember des folgenden Jahres wiederkomme, empfängt mich einer der Erzieher der Vorschulklasse an der Tür, begleitet von einem kleinen Mädchen. Das Kind schaut mich mit großen Augen an und fragt dann leise: „Maître, sind alle Leute in Deutschland angezogen wie Schwester Theresita?" Ich bemühe mich tapfer, ernst zu bleiben, und antworte: „Nein, nur manche Menschen in Deutschland, die nicht heiraten, sondern für Gott und viele Menschen leben wollen."

Für meine beiden Mitschwestern ist mein Outfit glücklicherweise kein Problem. Wir bemühen uns, die zitierten Werte Respekt, Freiheit, Wahrheit, Vertrauen und Freude zu leben. Denn es ist uns sehr deutlich bewusst: „Durch die Art und Weise, wie ihr zusammenlebt, wird eure Gemeinschaft für euch selbst zu einer Quelle und für diejenigen, die mit euch zu tun haben werden, ein Reichtum." Natürlich gibt es immer wieder Stolpersteine. Selbstverständlich ärgern wir uns ab und zu übereinander. Gibt es eine Gemeinschaft, eine Familie, in der immer nur eitel Wonne und Sonnenschein herrschen? Aber wir reden über das, was uns bewegt, und über das, was uns aneinander schwerfällt.

Wir schreiben uns eine Selbstverpflichtung: *„Wir werden eine Gemeinschaft sein, die Besucher und Pilger des Frie-*

dens trifft. Wir wollen Präsenz und Austausch im Dienst der Erziehung zu Frieden und Versöhnung leben. Inmitten der Menschen vor Ort will sich unsere Gemeinschaft mit vielen Freunden des Friedens vernetzen. Schon jetzt werden wir von der örtlichen Bevölkerung herzlich empfangen und ermutigt, ganz einfach miteinander zu beginnen. Wir brauchen sie alle: Jeder kann seinen Stein einbringen, um gemeinsam das Haus des Friedens zu bauen."

Präsenz und Austausch im Dienst der Erziehung zu Frieden und Versöhnung leben – das nehmen wir uns jeden Tag neu vor. Wir sind ja hier im Dienst für den Frieden, den unsere Welt so bitter nötig hat. Schon damals in den Zehnerjahren des neuen Jahrtausends. Und wie viel mehr heute, da in Europa wieder ein Krieg tobt. Haben wir Menschen nichts gelernt aus unserer Geschichte? Wiederholt sich immer und immer wieder das unselige Spiel der Macht? Wird es jemals möglich sein auf unserer Erde, die doch das Haus aller Menschen ist, in Frieden und gegenseitigem Respekt miteinander zu leben?

„Ein friedfertiger Mensch bewirkt
mehr Gutes als ein Gelehrter. "

(Thomas von Kempen, 1379 bis 1471)

Das Maison de la Paix und die Anfänge

In den ersten Monaten unseres Lebens in der Normandie er-
kunden wir drei Ordensschwestern unsere neue Heimat. Mit
weit geöffneten Augen und noch weiter geöffneten Herzen
lassen wir uns von der Vielfalt der Landschaften bezaubern.
Die Halbinsel Cotentin ragt südlich von Großbritannien in
den Ärmelkanal. Mit ihren unterschiedlichen Landschaften
ist die nur 50 Kilometer breite und knapp 60 Kilometer lange Halbinsel ein Idyll für einen Urlaub abseits der touristisch
überlaufenen französischen Mittelmeerstrände. An der mehr
als 300 Kilometer langen Küste wechseln sich Buchten mit
weißen Sandstränden, hohe Dünenlandschaften und schroffe
Steilküsten aus Granit ab. Gegenüber der Westküste liegen die
Kanalinseln Jersey, Guernsey, Sark, Alderney und Herm. Bei
entsprechendem Wetter sind einige von ihnen mit bloßem
Auge zu sehen. Wir wandern an der sturmumtosten Steilküste
des Cap de la Hague im äußersten Nordwesten der Halbinsel
entlang und versuchen, die Wiederaufbereitungsanlage aus

dem Bild dieser atemberaubend schönen Landschaft zu ver-
bannen. Etwas weiter südlich die Mondlandschaft der Dünen
von Biville, an deren Fuß uns eine weite Bucht mit hellem
Sandstrand erwartet. Die Route entlang der Westküste gilt als
eine der schönsten Küstenstraßen Frankreichs. Der ideologi-
sche und architektonische Unterschied zwischen der Nord-
und der Südspitze könnte kaum größer sein: Am Cap de la
Hague liegen die atomare Wiederaufbereitungsanlage zur
Trennung von Bestandteilen aus abgebranntem Kernbrenn-
stoff und zur Wiederaufarbeitung von Brennelementen und
das Atomkraftwerk Flamanville. Und 120 Kilometer Luftli-
nie entfernt, an der Südspitze des Departements La Manche,
liegt vor der Küste der Mont-Saint-Michel, eine Felseninsel
mit ihrer berühmten befestigten Abtei aus dem 11. Jahrhundert. Dieses spirituelle Zentrum gehört zum Weltkulturerbe
und lockt Jahr für Jahr drei Millionen Besucher aus aller Welt
an. Der Anblick dieser „Klosterinsel", auf der bis heute Ordensschwestern und -brüder leben und wirken, zieht uns
schon von Weitem in ihren Bann.

An der Nordwestspitze der Halbinsel liegt das zauber-
hafte Fischerdorf Barfleur, berühmt für seine „moules blon-
des", die blonden Miesmuscheln, die fangfrisch von den Fi-
scherbooten aus verkauft werden und in den besten Pariser
Restaurants ihre Liebhaber finden. Von hier aus soll im Jahr
1066 der Normannenfürst Wilhelm der Eroberer aufgebro-
chen sein, um England zu erobern. Eine große Bronzetafel
an einem Felsen nahe der Pfarrkirche will die Erinnerung an
dieses Ereignis für die Ewigkeit bewahren.

Die neben den Meeresfrüchten bekanntesten Produkte
der Region begegnen einem auf Schritt und Tritt: die Äpfel,

aus denen der normannische Apfelwein Cidre, der berühmte Apfelschnaps Calvados und der als Aperitif oder Digestif gereichte aus Apfelsaft und Calvados bestehende Pommeau, hergestellt werden. Im südöstlichen Teil der Halbinsel mit ihren Sumpfgebieten verwandeln sich die Wiesen im Winterhalbjahr in Seen, die so manche Touristen einladen, im Sommer mit ihrem Boot auf dem Autoanhänger wiederzukommen.

Aber auch weniger Schönes ist hier zu sehen: Vier Jahre lang haben Hunderttausende Soldaten und Zwangsarbeiter zwischen Norwegen und der spanischen Grenze Verteidigungsanlagen errichtet, um einen alliierten Angriff abzuwehren. Viele der Bunker stehen noch, zum Teil als Mahnmal der Geschichte, zum Teil als umfunktionierte Wohnhäuser. Die Landungsstrände tragen bis heute ihre Codenamen. Viele Straßen sind nach den Einheiten, die in ihrer Nähe kämpften, oder nach Kommandeuren benannt. Wir wissen um all diese Dinge, wir kennen sie aus dem Geschichtsunterricht, aus Büchern und Kriegsfilmen. Aber hier vor Ort zu sein, die Bunker des einstigen Atlantikwalls und die am Utah Beach ausgestellten Panzersperren und Flaks[17] zu sehen, ist etwas anderes. Und immer wieder kommt mir der Gedanke in den Sinn: Ich gehöre zum Tätervolk.

Unsere „Hauptarbeit" in diesen ersten Monaten wird sein, Aktivitäten für die Ortsansässigen und die Scharen von Touristen zu planen. Für Erwachsene entwickeln wir ein Faltblatt mit Bibelzitaten zum Thema Frieden. Für Kinder gestalten wir zwei Postkarten: eine Postkarte mit einer Friedenstaube zum Ausmalen und der Einladung, diese Friedenstaube an eine bestimmte Person zu schicken, eine andere Postkarte mit der Vorlage, ein Alphabet des Friedens zu schreiben. Um möglichst viele Menschen zu erreichen, schreiben wir alles in den Sprachen der Länder, aus denen die meisten Touristen kommen: neben Französisch also in Englisch, Deutsch, Niederländisch und Italienisch. Durch unterschiedliche Papierfarben lassen sich die einzelnen Sprachen leicht auseinanderhalten.

Eines Tages spricht uns ein Kirchenbesucher an: „Schwestern, ich möchte so gern ein Vaterunser beten. Aber ich kann mich nicht an den Text erinnern." Wir schreiben ihm den Text auf. Abends sagen wir uns, dass es durchaus noch öfter vorkommen kann, dass Kirchenbesucher sich nach langen Jahren wieder erinnern, dass sie früher einmal gebetet haben, und dass es guttut, um jemanden zu wissen, an den man sich mit seinen Sorgen und Nöten wenden kann. Wir gestalten ein Leporello mit den Grundgebeten Vaterunser, Ave Maria, Glaubensbekenntnis und einigen Friedensgebeten. Es überrascht und erfreut uns, zu sehen, wie begehrt solche „Mitnehmsel" aus unserer Kirche sind, denn wir müssen jede Woche Flyer und Postkarten nachdrucken. Wenige Wochen später finden sich die gleichen Materialien auch in der Kathedrale unserer Nachbardiözese Bayeux/Lisieux. Der dortige Dompfarrer hat sie bei uns entdeckt und um die Kopiervorlagen gebeten.

An den Werktagen beten wir jeden Nachmittag in der Pfarrkirche die Vesper, das Abendgebet der Kirche. Nie sind wir dabei allein. Das ist für uns ein starkes Zeichen. In der Vesper folgen auf einen Hymnus, also ein Loblied auf Gott, zwei Psalmen und ein Gebetstext aus dem Neuen Testament. Die Psalmen sind uralte Gebete aus dem ersten Jahrtausend vor Christus. Sie werden von Christen und Juden bis heute gebetet. Das Beten dieser Gebete an allen Orten der Erde bildet so etwas wie ein Gebetsnetz, das die ganze Welt umspannt und trägt. Unser Beten mit einigen Personen aus Sainte-Mère-Église und Touristen sehen wir als einen kleinen Beitrag, Momente des Friedens zu schaffen. In der jährlichen Festwoche rund um den 6. Juni lesen wir in der Kirche Friedenstexte abwechselnd mit meditativer Harfenmusik. Zu bestimmten Zeiten im Jahr laden wir ein zu einem zusätzlichen Gebet „Dix minutes pour la Paix" (Zehn Minuten für den Frieden). Einmal monatlich übernehmen wir im christlichen französischen Radiosender RCF (Radio chrétienne francophone) einen kurzen Beitrag rund um die Thematik Frieden und Versöhnung.

Schaut man sich in unserer Kirche um, entdeckt man neben der barocken Ausstattung drei markante Einzelheiten aus neuerer Zeit, die das Gotteshaus mit dem Weltgeschehen des 20. Jahrhunderts in Verbindung setzen. Über dem Westportal zeigt ein großes Kirchenfenster die vielleicht einzigartige Darstellung der Gottesmutter Maria umgeben von Fallschirmjägern. Paul Renaud, einer der Söhne des Bürgermeisters von Sainte-Mère-Église der 40er-Jahre, hat es nach dem Zweiten Weltkrieg entworfen. Er wollte ins Bild bringen, was die Überzeugung der damaligen Bevölkerung war: Die buchstäblich vom Himmel gekommenen Fallschirmjäger hat der Himmel geschickt, um in ihrem Dorf mit der Befreiung der Welt von einem ihrer schlimmsten Verbrechen beginnen zu können.

Geht man von diesem beeindruckenden Fenster aus im linken Seitenschiff nach vorn, bleibt man vor einem weiteren

Fenster in der Vierung stehen. 1969 haben die Amerikaner dem Dorf zum 25-jährigen Gedenken der Landung der Alliierten ein Fenster geschenkt, das den Erzengel Michael mit dem überwältigten Drachen zeigt, über und neben ihm landen Fallschirme. Als Schmuckrand verweisen Embleme auf die an der Invasion beteiligten Länder. Zu diesem Fenster folgt in einem späteren Kapitel noch eine kleine, einerseits amüsante, andererseits todtraurige Geschichte.

Im rechten Seitenschiff ist ein Altar der Patronin der Kirche gewidmet: eine moderne Darstellung der Jungfrau Maria, die hier als „Notre Dame de la Paix" (Unsere Liebe Frau vom Frieden) verehrt wird. Die schlichte, ausdrucksstarke Darstellung zeigt eine junge Frau, die ihren kleinen Sohn auf dem Arm trägt. Das Jesuskind wiederum hält eine Taube, die einen Ölzweig im Schnabel trägt, in seinen Armen. Auf dem Altar vor dieser Statue lassen wir den ganzen Tag über die Öllampe aus Israel brennen, die wir zu Beginn unserer Sendung überreicht bekamen.

Es gibt ein gedrucktes Bildchen dieser Darstellung mit einem Gebet um Frieden auf der Rückseite. Da es bislang nur in französischer und englischer Sprache ausliegt, übersetzen wir es noch in Deutsch und Niederländisch. Sehr viele Touristen werfen 50 Cent in den nebenstehenden Opferstock, um Foto und Gebet mitzunehmen.

Gebet zu Unserer Lieben Frau vom Frieden

Unsere Liebe Frau vom Frieden,
an diesem Ort, wo so viele Menschen
für die Freiheit und die Würde des Menschen mit ihrem Leben bezahlt haben,

an diesem Ort, wo so viele Menschen auf den Spuren der Ge-
schichte gehen,
wählen wir Dich als heilige Patronin.
Wir vertrauen Dir die Welt an,
damit alle Menschen sich in ihrer Unterschiedlichkeit
als Brüder und Schwestern anerkennen,
damit sie lernen, in gegenseitigem Respekt zu leben.
O Maria, Dein Eintreten vor Gott erinnert uns an die Not-
wendigkeit des Friedens.
Möge der Heilige Geist die Herzen, die vom Hass entzün-
det sind, umwandeln in Liebe und alle Menschen den Wert
gegenseitigen Respektes lehren.
Maria, seit Jesus Dich erwählt hat, unsere Mutter zu sein,
bitten wir Dich, uns zum Frieden zu führen
in der Kirche, in den Pfarrgemeinden, in den Familien und
an jedem Ort, wo wir leben.
Unsere Liebe Frau vom Frieden, unterstütze uns. Bitte für
uns.

(Gebet der Pfarrei Notre Dame de la Paix
in Sainte-Mère-Église)

Von Beginn unseres Lebens in Sainte-Mère-Église an inte-
ressieren sich die Dorfbewohner für ihre neuen Mitbewoh-
nerinnen. Viele sprechen uns an, wenn wir im örtlichen
Supermarkt oder auf dem Wochenmarkt einkaufen. Andere
kommen auf ein Schwätzchen vorbei. Viele bieten uns ihre
Hilfe an bei der Pflege unseres Gartens, beim Streichen unserer Türen oder der Einrichtung einer Homepage. Ich lerne,
dass es höflich ist, Besucher mit einem Aperitif und ein wenig
„Knabberzeug" zu begrüßen. Wir haben also immer einen

kleinen Vorrat Alkohol und Salzgebäck im Haus. Einige auch in der Pfarrei sehr aktive Personen werden bald unsere Freunde. Und schnell wird mir bewusst: Einer der größten kulturellen Unterschiede zwischen meiner alten und neuen Heimat scheint in den Genusstraditionen zu liegen.

Zum ersten Mal hat unsere Mitschwester Anne-Françoise diesen Unterschied benannt. Wir hatten eine Gruppe Jugendliche zu Gast, die aus einer Einrichtung meiner Ordensgemeinschaft und der Salesianer in Berlin-Marzahn kamen. Sie sollten uns helfen, unsere Zimmer und Flurwände zu streichen – für diese Jugendlichen, die noch nie über Ostberlin hinausgekommen waren, eine unvorstellbare Chance. Sie arbeiteten fleißig und besuchten nachmittags den nahe gelegenen Strand – auch das Meer hatten sie noch nie erlebt. Was Anne-Françoise am meisten erstaunte, sagte sie mir am zweiten oder dritten Tag: „Theresita, der größte Unterschied zwischen euch und uns ist zweifellos die Art und Weise zu essen. Eure Jugendlichen setzen sich an den Tisch, essen während 15, 20 Minuten ihr Mittagessen und gehen wieder an die Arbeit. So etwas wäre bei uns nicht möglich."

Einige Monate später mache ich die umgekehrte Erfahrung: Mit unserem Pfarrer und drei weiteren Personen sind wir sonntags bei einer Freundin zum Mittagessen um 12:30 Uhr geladen. Bei der Ankunft wird natürlich der übliche Aperitif gereicht, man plaudert über dies und das und nach einer geraumen Zeit bittet Marie-Jo uns zu Tisch. Wie üblich ist das Essen köstlich. Zwischen den einzelnen Gängen liegen kleine Pausen zum Erzählen (und auch zum Sackenlassen des bisher Gegessenen). Irgendwann zwischen zwei Gängen das berühmte „Trou normand", das „normannische Loch". Meist vor dem Hauptgang wird der bekannte und beliebte normannische Apfelschnaps Calvados gereicht. Er dient als Appetitanreger und soll die Verdauung fördern, weil er vor der Fortsetzung der Speisenfolge ein „Loch" im Magen schafft. Eine in meinen Augen sehr sympathische Sitte, die ich freudig mitmache. Irgendwann während unseres Mittagessens schaue ich versehentlich auf die Uhr – es ist 17:30 Uhr! Aha, ein wirklicher Unterschied zwischen deutschem und französischem Essen! Oder bin ich es als Ordensfrau einfach nicht mehr gewohnt, so lange zu speisen? Das Essen war köstlich, die Gespräche angeregt. Und doch merke ich, dass mir fünf Stunden Mittagessen recht lang sind. Es braucht Zeit, sich in eine fremde Kultur einzuleben. Dem Essensgenuss wird in unserem Nachbarland grundsätzlich mehr Zeit und Muße eingeräumt als in unserer deutschen Tradition. Davon könnten wir lernen.

Die französische Küche ist anerkanntermaßen eine der besten in Europa. Dennoch kann ich in einer Hinsicht mit deutschen Essgewohnheiten punkten: mit unserer großen Auswahl an Kuchen, Torten und Gebäck. Mit Staunen lerne ich, dass es in meiner neuen Umgebung weder Eiscafés noch Cafés mit einer Auswahl an Kuchen und Torten gibt. Es ist hier einfach nicht üblich, sich nachmittags bei Kaffee und Kuchen zusammenzusetzen. Als die Adventszeit naht, beschließe ich, diesem „Manko" wenigstens ein klein wenig abzuhelfen: Ich backe Weihnachtsplätzchen. Dem Installateur, der im ersten Jahr regelmäßig kommt, um die im Haus anfallenden Reparaturen zu verrichten, bieten wir jedes Mal einige Weihnachtsplätzchen an. Einmal bin ich nicht zum Backen gekommen. Er fragt: „Wie, heute keine Verkostung?" Man merkt ihm seine Enttäuschung an. Ganz offensichtlich haben ihm unsere Plätzchen und Marzipankartoffeln gut gemundet.

An einem der Adventswochenenden laden wir zu einem kleinen Weihnachtsmarkt in unserem Haus ein. Wir kommen mit vielen Menschen ins Gespräch und verkaufen Postkarten mit Friedensmotiven und -texten, kleine Geschenkartikel und unser Weihnachtsgebäck, das uns fast aus der Hand gerissen wird – endlich einmal ein kulinarischer Beitrag aus meiner Heimat, denke ich vergnügt.

Im Laufe der nächsten Monate zeigt es sich mehr und mehr, dass wir einen Kreis von Menschen um uns herum brauchen, die sich mit uns für Frieden und Versöhnung engagieren wollen. Wir gründen eine Steuergruppe, die mit uns Schwestern Angebote im Bereich der Friedensarbeit entwickelt und durchführt. Es gibt Vorträge und Workshops für Erwachsene, Friedensspiele, bei denen niemand gewinnt oder verliert, für Kinder und Jugendliche. Dann gründen wir unter der klugen, sachkundigen Leitung von Schwester Simone den eingetragenen Verein „Association des Amis de la Maison de la Paix". In den Statuten halten wir fest: *„Das Maison de la Paix hat die Aufgabe, diesen Ort (Sainte-Mère-Église) zu einem internationalen und ökumenischen Zentrum zu machen, das der Erziehung zu Frieden und Versöhnung dient."*

Auf der Wiese hinter unserem Haus gestalten wir mit Unterstützung unserer Freunde Jean-Jacques und Christian einen „Jardin de la Paix", einen Garten des Friedens. Jean-Jacques baut überdachte Stelen, in denen wir als Wechselausstellung Friedenstexte und -bilder zeigen können. Im Laufe der nächsten Jahre laden wir unter anderem Schulen und Jugendgruppen ein, Gedanken des Friedens zu schreiben und in unserem Garten der Öffentlichkeit zu präsentieren.

In der Kirche übernehmen wir kleine Dienste wie das Vortragen der Lesung, das Austeilen der Kommunion und das Orgelspiel, wenn der örtliche Organist verhindert ist. Wenn bei uns kein Gottesdienst stattfindet, fahren wir in eine der Nachbargemeinden. So knüpfen wir immer mehr Kontakte. Ich habe den Eindruck, dass wir alle drei von Anfang an gut akzeptiert sind und uns mehr und mehr integrieren. War das eine Täuschung?

Mehr als zwei Jahre nach unserer Ankunft bekommt Schwester Simone Besuch von ihrem Neffen Jean-Emmanuel, der mit Ehefrau und zwei kleinen Kindern einige Tage bei uns verbringt. An einem Nachmittag kommt Marcel, ein alter Bauer unserer Gegend, vorbei und bringt uns einige Flaschen seines selbst hergestellten Cidre. Wir haben uns immer sehr gut mit ihm verstanden. Seinen Hof hat er längst seinem Sohn überschrieben, aber er hilft weiter mit und engagiert sich mit einigen anderen Männern seines Alters bei allem, was im Dorf und in der Kirche an Arbeit anfällt. Es entspinnt sich ein Gespräch zwischen ihm und Jean-Emmanuel. Marcel sagt: „Wissen Sie, am Anfang war es nicht leicht für uns, dass eine Deutsche hier wohnt. Aber mittlerweile haben wir uns daran gewöhnt." Er sagt dies nicht unfreundlich und will mich auf keinen Fall verletzen. Ich stehe ja dabei und höre alles mit. Ich reagiere äußerlich nicht. Aber innerlich denke ich darüber nach, warum mir diese Tatsache nie bewusst geworden ist. Nie war dieser liebenswerte ältere Herr unfreundlich oder abweisend zu mir, nie fiel eine Bemerkung über meine Herkunft. Ich bin im Gegenteil überzeugt, dass Marcel die

Person Theresita mag. Nur die Tatsache, dass sie aus Deutschland kommt und ausgerechnet hier, im ersten von den Deutschen befreiten Dorf lebt, war wohl nicht so leicht zu akzeptieren.

Im Sommer 2023 kehre ich für eine Woche nach Sainte-Mère-Église zurück. Ich möchte mit Freunden, die ich dort gewonnen habe, über mein Buchprojekt sprechen. Und ich möchte mir einen Eindruck verschaffen, wie dieses so besondere Dorf sich heute präsentiert. Ich spreche mit Jean Quétier und Henri Milet, der erste war bis 2020 Bürgermeister von Sainte-Mère-Église, der zweite Bürgermeister von Sainte-Marie-du-Mont. Des Weiteren mit Aurélie Renou, der Leiterin der Touristeninformation, mit Pfarrer Marie-Bernard Seigneur, mit Christian Lutier, dem Präsidenten der Association des Amis de la Maison de la Paix, mit Michèle und Jojo Travert, mit Annie und Jean-Jacques Hébert und mit vielen anderen.

Auf meine Frage, acht Jahre nach meinem Abschied von Sainte-Mère-Église, wie sie es erlebt haben, dass eine Deutsche mitten im Dorf wohnte, antwortet Jean Quétier: „Ich habe nie gemerkt, dass es schwierig war, eine Deutsche unter uns zu haben. Im Gegenteil: Für die Idee des Friedens war dies unerlässlich." Sein ehemaliger Bürgermeisterkollege Henri Milet ergänzt: „Eine Deutsche im Maison de la Paix war ein unerlässliches Symbol, es brauchte ein deutliches, sichtbares Zeichen. Versöhnung ist etwas anderes als Vergessen. Wenn man vergisst, kann man leicht mit der gleichen Sache von Neuem beginnen." Und Christian Lutier bestätigt: „Es war notwendig, dass eine Deutsche im Maison de la Paix lebte. Deine Anwesenheit war ein Symbol der Versöhnung.

Ihr drei Ordensfrauen habt zu Beginn die Basis gelegt für das, was wir heute tun. Das, was ihr gesät und gepflanzt habt, erlaubt uns, weiterzuführen, was ihr begonnen habt. Ihr habt uns inspiriert und begeistert für die Arbeit des Friedens und der Versöhnung."

Es tut gut, diese Worte zu hören. Ja, es gibt auch weiterhin Menschen in und um das Dorf, die zurückhaltend auf Personen aus Deutschland reagieren. Aber es gibt auch viele Zeichen der Wandlung. Aurélie Renou, die Leiterin der Touristeninformation, zeigt mir voller Freude den Touristenführer 2023 über Sainte-Mère-Église, den Utah Beach und die Stadt Carentan „Baie du Cotentin – Tag-X – Sumpf – Erbe – Land", der in diesem Jahr zum ersten Mal auf Deutsch angeboten wird. Und sie sagt, dass immer mehr Touristen aus Deutschland kämen. Sie seien noch ein wenig zurückhaltend, aber an ihren KFZ-Kennzeichen und der Ländervorwahl bei Anrufen seien sie erkennbar. Die schon erwähnte kleine deutsche Flagge mitten zwischen anderen europäischen und der amerikanischen Flagge in der Flaggenkette über den Straßen des Dorfes vermittelt eine gewisse Normalität.

„Stell dir vor, es ist Krieg,
und keiner geht hin. "
(Carl Sandburg, 1878 bis 1967)

Der wärmende Mantel
und der nasse Waschlappen

Von meiner Ankunft in Frankreich Mitte Oktober 2011 bis
Mitte Januar 2012 wohnte ich bei unseren französischen
Schwestern in der Abtei Saint-Sauveur-le-Vicomte, weil
unser zukünftiges Wohnhaus noch nicht bezugsfertig war. In
den acht Wochen vor Weihnachten kniete ich mich in der
Sprachenschule Mission-Langues in Angers im Département
Maine-et-Loire gründlich hinein in die schöne Sprache meiner neuen Heimat. Mission-Langues ist ein Zentrum zum Erlernen der französischen Sprache im Dienst der Weltmission
der Kirche. Hier lernen Priester und Ordenschristen aus aller
Welt Französisch. Entweder weil sie in einem der Französisch
sprechenden Länder Afrikas arbeiten wollen, oder weil sie
sich auf einen kirchlichen Einsatz in Frankreich vorbereiten.
Diese acht Wochen waren eine gute Vorbereitung auf unsere
zukünftigen Aufgaben. Wir lebten und lernten als eine Gruppe von 28 Sprachschülerinnen und -schülern aus 19 verschiedenen Ländern. In meiner Sprachklasse waren drei Ordens-

schwestern und zwei Priester aus Italien, die für einige Jahre nach Afrika gehen wollten. Ein Priester aus Kolumbien, der schon mehrere Jahre im Tschad gearbeitet hatte und seine Ferien in Frankreich verbrachte, ein israelischer Palästinenser, der in Jerusalem in einen französischen Orden eingetreten war, und ein polnischer Franziskaner, der nach Marokko gehen wollte. Wenn auch der Austausch am Anfang mangels Sprachkenntnis ein wenig mühsam war, erfuhren wir doch sehr viel voneinander und von den verschiedenen Kulturen. Und wir lernten wie von selbst, uns gegenseitig in unserem Anderssein zu akzeptieren und zu mögen. Wir erlebten es als spannend und bereichernd, vom Leben der Mitlernenden und vom Alltag in ihren Ländern zu erfahren.

Zurück in der Normandie, gehe ich als katholisch sozialisiertes Kind aus dem Rheinland kurz vor Weihnachten zur Beichte. Ich bin ein wenig aufgeregt. Mit einem Kopf voller französischer Vokabeln und einem Herzen voller Bereitschaft, wieder mit Gott, meinen Mitmenschen und mir selbst ins Reine zu kommen, betrete ich das Beichtzimmer. Ich stelle mich dem Pater aus der nahe gelegenen Abtei der Trappistenmönche vor, der die Beichte entgegennimmt: „Mein Name ist Schwester Theresita Maria, ich komme aus Deutschland und lebe seit einigen Wochen in Frankreich."

„Die Deutschen haben meinen Vater deportiert und ermordet", ist die Antwort des Priesters. Keine freundliche Begrüßung, kein „Willkommen in unserem Land". Ich fühle es wie einen Stich ins Herz. Empfindet er mich als mitschuldig an dem, was mehr als zwei Jahrzehnte vor meiner Geburt in Deutschland begonnen und einen solch grausamen Verlauf genommen hatte? Kann man einer Generation, die erst Jahre nach Kriegsende geboren wurde, vorwerfen, Kriegsgräuel begangen zu haben? Gibt es eine Vererbung von Schuld? Müssen wir die Schuld derer, die dieses unmenschliche Leid über die Welt gebracht haben, für immer mittragen?

Sein nächster Satz trifft mich auch, was aber diesmal wohl eher meiner weiblichen Eitelkeit geschuldet ist: „Haben Sie auch den Zweiten Weltkrieg miterlebt?", fragt er. Ich weiß nicht, ob ich amüsiert oder beleidigt sein soll. So alt bin ich ja nun wirklich noch nicht, als dass ich den Krieg hätte miterleben können. Gott sei Dank hängt die Wirksamkeit der Beichte nicht von der Fähigkeit oder Ungeschicklichkeit eines Priesters ab. Ich gehe, mit Gott und mir selbst versöhnt, zum Abendessen und bemühe mich, das eben Gehörte nicht vom Kopf ins Herz sinken zu lassen. Am Tisch erzähle ich meinen Mitschwestern von meinem Beichterlebnis. Eine meint tröstend, der Priester brauche sicher eine neue Brille, so alt sähe ich gar nicht aus. Übereinstimmend sagen alle, es sei traurig und eigentlich nicht zu akzeptieren, wenn jemand mehr als 60 Jahre nach Kriegsende immer noch pauschal die Menschen in Deutschland mit den Verbrechern des Nationalsozialismus in einen Topf werfe.

Wenige Tage später erzählt eine der französischen Schwestern: „Ich war damals, also 1944, hier in der Abtei im Noviziat. Als die Alliierten landeten und langsam vorrückten, haben die Deutschen unsere Abtei angezündet. Wir sind ins Nachbardorf geflohen und konnten von dort aus zusehen, wie das Dach der Abtei brannte. Aber eigentlich weiß man gar nicht so genau, ob es wirklich die Deutschen waren. Vielleicht haben es auch die Engländer angezündet und es dann den Deutschen in die Schuhe geschoben."

Ähnliches wird auch anderswo erzählt. Bei einem Besuch von Bekannten lerne ich Gérard, einen älteren Herrn aus Sainte-Mère-Église, kennen. Er hört, dass ich aus Deutschland komme, und beginnt zu erzählen. „1944 war ich gerade drei Jahre alt. Wir wohnten in Sainte-Mère-Église gegenüber der Kirche, gleich neben der Apotheke. Meine Eltern hatten eine Metzgerei. Als sie merkten, dass die Kriegslage sich änderte und alliierte Streitkräfte durch die Straßen liefen, wollte mein Vater, dass wir das Dorf verließen und uns irgendwo auf dem Land in Sicherheit brachten. Meine Mutter wollte aber im Geschäft bleiben. Dann wurde es immer brenzliger, und Mutter nahm meinen älteren Bruder und mich und lief zur Quelle des heiligen Méen, also gleich neben dem heutigen Grundstück des Maison de la Paix. Viele Dorfbewohner hatten hier Zuflucht gesucht. Wir kauerten uns dicht zusammen unter die Büsche, meine Mutter hielt mich in ihren Armen. Dann fielen Granaten. Meine Mutter wurde von einem Granatsplitter getroffen und starb vor den Augen meines Bruders. Mir selbst ist nichts passiert. Mein Vater und mein Bruder haben nie über dieses Ereignis geredet. Ich kenne es nur, weil mein Bruder Schriftsteller ist und darüber geschrieben hat. Es wurde gesagt, die Deutschen hätten die Granaten geworfen, aber das ist nicht sicher. Es kann genauso gut sein, dass die Amerikaner mit Granaten geschossen haben, um versteckte Deutsche zu töten.“

Jean-Jacques erzählt vom Chef seines Schwiegervaters: „Fernand Morin, der Chef von Annies Vater, war im Konzentrationslager Buchenwald. Bei der Evakuierung des Lagers am Ende des Krieges ist Fernand Morin auf dem sogenannten Todesmarsch aus Erschöpfung zusammengebrochen. Ein deutscher Soldat, der den Marsch begleitete, sagte zu ihm: ‚Steh wieder auf und geh weiter, es ist nicht mehr weit. Ansonsten stirbst du hier.‘ Damit hat der deutsche Soldat dem französischen Soldaten das Leben gerettet." Fernand Morin hat bis zu seinem Tod im Jahr 2019 oft von seinen Erlebnissen erzählt. Seine Tochter hat über diese Geschichte ein Buch geschrieben.

So etwas zu hören, tut gut. Denn auch anderes ist zu hören: Wir drei Ordensschwestern vom Maison de la Paix machen abwechselnd Präsenzdienst in unserer Pfarrkirche, um ansprechbar zu sein für die Kirchenbesucher. Eines Nachmittags hält Schwester Anne-Françoise sich in der Kirche auf, als eine Stadtführerin mit einer großen Gruppe Touristen hereinkommt. Die Stadtführerin erklärt den Kirchenbau und seine Innenausstattung. So auch das berühmte Kirchenfenster im linken Seitenschiff, das den Erzengel Michael, umgeben von Fallschirmjägern, zeigt. „Weiß jemand von Ihnen, warum der heilige Erzengel Michael der Patron der Fallschirmspringer ist?", fragt sie die gebannt lauschenden Touristen. Alle schütteln den Kopf. „Der Erzengel Michael litt unter Schwindel", erläutert sie. „Und weil die Fallschirmspringer ihren Schwindel überwinden müssen, bevor sie aus großer Höhe abspringen, ist Michael ihr Schutzpatron." Merkwürdigerweise scheint niemand erstaunt zu sein über die Behauptung, ein Engel, also ein Geistwesen, könne unter Schwindel leiden. Die Dame fährt fort: „Wissen Sie, was der Drache zu Füßen des Erzengels bedeutet?" Wieder verneinendes Kopfschütteln. „Der Drache ist das Symbol für die Deutschen." Niemand reagiert. Niemand hebt die Hand und sagt, es gebe doch auch nette Deutsche.

Gott sei Dank ist meine Mitschwester eine aufmerksame Zuhörerin. Sie wartet, bis die Gruppe sich Richtung Ausgang bewegt, und spricht die Fremdenführerin an: „Pardon, Madame, erlauben Sie, dass ich Ihnen etwas sage. Bitte sagen Sie niemals mehr, der Drache zu Füßen des Erzengels Michael sei ein Symbol für die Deutschen. Der Drache ist das Symbol für das Böse in der Welt und in uns. Wir sind hier in der Kirche ‚Unsere Liebe Frau vom Frieden‘. Wir beten und arbeiten für Frieden und Versöhnung. Und wir reden in einer friedlichen Gesinnung. Und noch etwas: Wenn Sie sagen, dass Michael unter Schwindel gelitten hat, bedenken Sie bitte, dass Michael kein Mensch, sondern ein Engel ist, also ein geistiges Wesen, das keinen Leib hat und dem also auch nicht schwindelig werden kann.“

Als Schwester Anne-Françoise nach Haus kommt, sieht man ihr ihre Wut an. Sie erzählt uns sofort von ihrem Erlebnis. „Wie kann man so etwas sagen? Es war eine junge Frau, sie ist lange nach Kriegsende geboren. Vielleicht haben nicht einmal ihre Eltern den Krieg miterlebt. Warum erzählt sie einen solch haarsträubenden Unsinn?“ Schwester Simone und ich können ihr nur zustimmen.

Vom 8. bis 12. Mai 2013 bietet die Kirche in Frankreich für Christen, die sich ehrenamtlich in den Pfarrgemeinden engagieren, eine Pilgerreise nach Lourdes an. Als Vertreterin des Maison de la Paix darf ich mitfahren. Ich kenne die Stadt Lourdes im Vorgebirge der Pyrenäen nahe der spanischen Grenze. Sie ist eine der meistbesuchten Wallfahrtsstätten der Welt. 1858 ist hier dem Mädchen Bernadette Soubirous mehrmals die Muttergottes erschienen. Zahlreiche medizinisch nicht erklärbare Heilungen, die hier geschehen sind, bürgen für die Echtheit der Marienerscheinungen. Ich bin gespannt auf diese Pilgerfahrt, an der Tausende von ehrenamtlich Engagierten aus allen französischen Bistümern teilnehmen. Während der Hinfahrt trinke ich an einer Autobahnraststätte einen Kaffee. Neben mir steht ein mir unbekannter Priester, der ebenfalls einen „petit café" genießt. Er spricht mich an: „Woher sind Sie, Schwester?"

„Aus Sainte-Mère-Église", antworte ich. „Aber ursprünglich komme ich aus Deutschland."

Seine Reaktion: „Wissen Sie, dass heute die Kapitulation Ihres Volkes war?"

Ich kann nur „Oui, mon père" murmeln, so sehr schockieren und verletzen mich seine Worte. Auf den zweiten Blick entdecke ich sein Bischofskreuz und seinen Bischofsring. Hätte dieser Bischof nicht auch anders reagieren können? Hätte er nicht antworten können: „Willkommen in Frankreich. Schön, dass Sie als Ordensschwester in der Normandie sind", oder irgendetwas in dieser Art? Ist ihm beim Anblick einer Person aus Deutschland der 8. Mai als Tag der bedingungslosen Kapitulation der deutschen Wehrmacht mehr präsent als die Pilgerfahrt zu einem Marienwallfahrtsort? Das, was er sagt, wirkt jedenfalls auf mich wie ein nasser Waschlappen, der mir um die Ohren geschlagen wird.

Andere Geschichten wirken wie ein wärmender Mantel. Eine Frau aus unserem Dorf erzählt von ihrer Begegnung mit einem deutschen Soldaten während des Krieges. Der Soldat klopft an ihre Haustür und bittet um Milch und Brot. Die junge Frau hält ihr Baby im Arm, als sie ihm die Tür öffnet.

Der Deutsche zeigt auf das Kind und streckt die Arme aus. Verängstigt weicht die Mutter einige Schritte zurück, aber der Soldat folgt ihr und macht wieder deutlich, dass sie ihm das Kind geben soll. Als sie hilflos nachgibt, nimmt er es auf den Arm. Ihm kommen die Tränen, und in gebrochenem Französisch sagt er: „Ich auch Baby zu Hause."

Als sie uns Jahrzehnte später diese Begebenheit erzählt, betont sie: „Er hatte keine bösen Absichten. Es war ein guter Mann. Er hatte nur Heimweh und Sehnsucht nach seiner jungen Frau und seinem kleinen Kind."

Ähnliche Geschichten werden uns immer wieder geschenkt. „Wisst ihr, die deutschen Soldaten haben sich fast immer korrekt verhalten. Sie haben unsere Frauen nicht vergewaltigt. Die meisten von ihnen waren höflich und hilfsbereit." Ein Mann aus einem Nachbardorf, der Gästezimmer vermietet, erzählt von dem, was seine Großmutter erlebt hat. „Meine Oma hat die Landung der Alliierten hier im Dorf miterlebt. Einige Tage nach dem D-Day sieht sie auf der Straße amerikanische Soldaten kommen. Sie gehen auf zwei vielleicht 15-jährige deutsche Soldaten in viel zu großen Uniformen zu, die verzweifelt versuchen, mit ihren klapperigen Fahrrädern zu fliehen. Vor lauter Zittern gelingt es ihnen nicht, ihre Räder in Gang zu bringen. Die amerikanischen Soldaten kommen näher und hängen die Jungen an den nächsten Bäumen auf. Natürlich ist das gegen das Kriegsrecht, das gebietet, Feinde gefangen zu nehmen. Aber so war es. In der gleichen Woche begegnen mehrere Amerikaner einem deutschen Soldaten, schlagen ihm den Kopf ab und spielen mit dem Kopf Fußball. Es waren einige der allerersten amerikanischen Soldaten, die brutal waren. Denn bei denen, die am D-Day hier landeten, waren ja auch viele ehemalige Gefängnisinsassen. Ihnen war angeboten worden, in die Armee einzutreten und bei der Invasion in der Normandie mitzukämpfen. Als Gegenleistung kamen sie aus den Gefängnissen frei."

Auf allen Seiten gab es schreckliche Vorkommnisse, brutale Szenen, Kriegsverbrechen. Auf allen Seiten gab es aber auch menschliche Szenen, Hilfsbereitschaft, gegenseitige Unterstützung, Freundlichkeit. Vielleicht, weil wir Menschen es nicht ertragen, ohne Hoffnung und ohne Liebe zu sein. Selbst in größter Ausweglosigkeit hoffen wir auf Hilfe, in tiefster Trauer hoffen wir auf Trost, in grausamsten Kriegen hoffen wir auf Frieden. Das unterscheidet uns von Tieren und von Robotern.

Wir alle sehnen uns nach Frieden in unserem Alltag; Frieden in unserer Familie, in unserer Umgebung, am Arbeitsplatz, in unserem Land, in unserer Welt. Und wir sehnen uns nach Frieden im eigenen Herzen. Und doch sehen wir in uns und um uns herum so viel Un-Frieden, so viel Streit und Gewalt und so viele Kriege. Der Friede in einem Land hängt wesentlich von denen ab, die Verantwortung tragen für das Land und seine Bevölkerung. Aber hängt er nicht auch von jedem und jeder Einzelnen ab? Hängt er nicht auch ein wenig von uns, von mir ab? In dem schon zitierten Text von Mahatma Gandhi „Wenn du Frieden in der Welt willst, braucht es Frieden in deinem Land" heißt die letzte Zeile „Wenn du Frieden in deinem Haus willst, braucht es Frieden in deinem Herzen". Ein anderer sehr bekannter Satz Gandhis, „Sei du selbst die Veränderung, die du für die Welt willst", legt den

Finger in die Wunde. Ich brauche nicht die ganze Welt zu verbessern, es genügt, wenn ich mich selbst zum Positiven hin ändere. Und ich frage mich jedes Mal, wenn ich mir diesen Satz Gandhis selbst sage: Habe ich das Recht, von anderen ein klimagerechtes Handeln einzufordern, wenn ich selbst weiterhin Plastikmüll produziere? Habe ich das Recht, Friedensbemühungen von den Regierungen einzufordern, wenn ich selbst keinen Frieden lebe? Und: Kann es Frieden geben ohne Versöhnung? Versöhnung mit mir selbst, mit meiner Geschichte, mit meinen Wunden? Versöhnung mit den anderen? Versöhnung mit Gott?

Die Bibel gibt oft sehr pragmatische und nachvollziehbare Tipps. Da heißt es im ersten Brief des Apostels Petrus, der sich an die Frauen und Männer in Kleinasien richtet, die den christlichen Glauben angenommen haben: „Wer das Leben liebt und gute Tage zu sehen wünscht, der bewahre seine Zunge vor Bösem und seine Lippen vor falscher Rede. Er meide das Böse und tue das Gute; er suche Frieden und jage ihm nach" (1. Petrusbrief 3,10-11). Wie praktikabel: Nichts Schlechtes über andere denken und sagen, den Frieden suchen und ihn mit all meinen Bemühungen in die Tat umsetzen. Die Motivation: das Leben lieben und wünschen, dass es mir und damit auch denen um mich herum gut geht. Das ist nachvollziehbar.

Können wir in unseren Familien, Freundeskreisen, Arbeitsstellen nicht kleine Werkstätten des Friedens oder der Versöhnung sein? Könnten diese kleinen Werkstätten des Friedens vielleicht wie ein wenig Hefe wirken, da, wo wir leben? In unserem Umfeld, in unserer Gesellschaft?

Vielleicht kann es so gehen?

Einem, der mir begegnet, zulächeln.

Ein verletzendes Wort vermeiden.

Auf eine scharfe Erwiderung verzichten.

Sich mit jemandem versöhnen.

Jemandem die Hand geben, den man nicht mag.

Die Ellbogen statt zum Durchboxen zum Unterhaken einsetzen.

Versuchen, die Reaktion des anderen zu verstehen.

Um meines eigenen inneren Friedens willen einmal am Tag ein paar Minuten lang nichts tun, still werden und mir vorstellen, Licht und Frieden einzuatmen und mein Inneres mit diesem Licht und diesem Frieden zu füllen.

Jesus schlägt vor, die andere Wange hinzuhalten, wenn jemand mich auf die eine Wange schlägt (Matthäusevangelium 5,39) – eine Möglichkeit, die Kettenreaktion der Gewalt zu unterbrechen, statt sie eskalieren zu lassen. Unfreundlichkeit mit Freundlichkeit zu begegnen ist vielleicht so etwas wie die Wange der Seele hinhalten. Es gelingt mit einiger Übung erstaunlich gut.

„Der Frieden muss gestiftet werden. "

(Immanuel Kant, 1724 bis 1804)

Francine und die Veteranen

Francine fasziniert mich. Groß und schlank mit ihren blonden Haaren und blauen Augen sieht man ihr ihre 78 Jahre nicht an. Von Anfang an engagiert sie sich in unserem Freundeskreis. Denn das Leben und Arbeiten für Frieden und Versöhnung sieht sie als ihre Lebensaufgabe.

Sie lebt bis heute da, wo sie geboren ist: im Château de Grandval in dem kleinen Dorf Neuville-au-Plain, drei Kilometer von Sainte-Mère-Église entfernt. Das Dorf und ihr Grundstück sind einer der Schauplätze der Invasion der Alliierten. Sie fragt, ob ich den Film *Der Soldat James Ryan* kenne: „Die Geschichte spielt vor unserer Haustür. Der Soldat James Ryan, der in Wirklichkeit Frederic Niland heißt, hatte einen Bruder, Robert Niland, der am 6. Juni neben unserem Grundstück gefallen ist. Im Film wird erzählt, dass seine drei Brüder ihr Leben verloren haben. In Wirklichkeit hat Edward Niland, dessen Flugzeug von den Japanern über dem Pazifik abgeschossen worden war, überlebt."

Francine selbst hat die Invasion nicht miterlebt. Sie ist 1945 geboren. Aber ihre Eltern und Großeltern haben ihr davon erzählt. Und sie hat als kleines Kind mit dem gespielt, was die Soldaten zurückgelassen haben, mit Fallschirmen und Kriegsgerät.

Ihr Elternhaus, das Château de Grandval, ein großes Herrenhaus aus der Mitte des 18. Jahrhunderts, musste die Familie während des Krieges mit deutschen Militärs teilen. Am 7. Juni hatten der deutsche Militärarzt Dr. Hackenberg und sein Sanitäter Hermann Boerner die Küche in einen Operationssaal umfunktioniert, operiert wurde auf dem Küchentisch. Während der gewaltigen Gegenoffensive der Deutschen in dem kleinen Weiler Neuville-au-Plain kam der Kommandant des deutschen Regiments mit zwei Scharfschützen ins Haus, um aus den Fenstern des Obergeschosses auf die Amerikaner zu schießen. Der deutsche Militärarzt verweigerte seinen Kameraden den Eintritt ins Haus: „Hier ist ein Operationssaal und kein Kampfplatz. Hier wird geheilt, nicht getötet." Er stellte sich auf die zweite Treppenstufe und hinderte den Kommandanten daran, nach oben zu gehen. „Während der kurzen, aber heftigen Diskussion sah ich, wie die Hand des Arztes sich seiner Pistole näherte", schreibt Hermann Boerner Jahrzehnte später an Francine. „Wir anderen waren von der Absicht des Kommandanten schockiert. Endlich sahen wir, dass er sich mit seinen Scharfschützen zurückzog. Wir waren erleichtert, denn die Scharfschützen an den Dachfenstern des Hauses hätten nicht nur die verwundeten Deutschen und Amerikaner im Erdgeschoss gefährdet, sondern auch Ihre Familie, Francine, in der ersten Etage. Das entschlossene und mutige Handeln unseres Chefarztes fand natürlich unsere Zustimmung und sogar Bewunderung."

Bei der Gefangennahme der Deutschen zeigte Francines Großvater auf Dr. Hackenberg und seinen Sanitäter Boerner und sagte dem Kommandanten: „Sorgt gut für die beiden. Sie sind gute Deutsche, sie haben uns das Leben gerettet." – Ein Moment des Friedens und der Versöhnung mitten im Krieg.

Eine Gedenktafel an der Hauswand erinnert an die Zeit des Krieges: „Am 6. Juni 1944 stoppte die Kompanie D des zweiten Bataillons des 505. Fallschirmjägerregiments der 82. Airborne Division einen deutschen Angriff und rettete Sainte-Mère-Église unter schweren Verlusten. Die französischen Zivilisten, die an der Seite ihrer Befreier standen, leisteten den Verwundeten Hilfe."

Francine bewahrt die Weste eines amerikanischen Soldaten auf, der in der Nähe ihres Hauses verletzt worden und auf dem Weg ins Krankenhaus gestorben war. Er war das einzige Kind seiner Eltern. Sie wollte den Eltern die Jacke schicken und schrieb der Familie. Bewegt antworteten die Eltern: „Behalten Sie die Jacke und halten Sie unseren Jungen in Ehren." Francine fand das Grab des jungen Mannes auf dem amerikanischen Soldatenfriedhof Colleville am Omaha Beach und übernahm die Patenschaft für dieses Grab. Bis heute hält sie die Jacke in Ehren, denkt an den jungen Soldaten und betet für ihn. Schon mehrmals ist sie von Sammlern gebeten worden, ihnen die Jacke zu verkaufen. Einmal hat jemand 11.000 Dollar geboten. Francine weigert sich: „Das wäre so, als würde man das Gedenken an einen lieb gewordenen Menschen verkaufen." Auch einen Fallschirm bewahrt sie in ihrem Haus auf, der nach der Landung der Alliierten zurückgeblieben war.

Francine ist die französische Botschafterin des Clubs 47, eines Clubs amerikanischer Veteranen. 1953 hatte der Amerikaner Bill Tucker den Club gegründet, um den ehemaligen Soldaten der 82. Division die Gelegenheit zu geben, sich zu treffen und Erinnerungen auszutauschen. Damit er auch nach dem Tod der Veteranen Bestand behalten konnte, öffnete sich der Club später auch für Zivilisten. „Sie haben mich gebeten", erzählt Francine, „ihre Koordinatorin zu sein, um den Club 47 in Europa zu repräsentieren und um Kontakte nach Großbritannien, Belgien und in die Niederlande zu knüpfen. Ich war die einzige Frau und die einzige Ausländerin."

1969 wurde der 25. Jahrestag der Invasion in Frankreich feierlich begangen. Francines Familie kümmerte sich um die Logistik, den Empfang und die Unterbringung der ehemaligen Kämpfer. „Fast 250 Veteranen sind mit einem Sonderzug aus Paris angekommen. Wir haben ein riesiges Grillfest in unserem Garten veranstaltet", erinnert sie sich.

Unter den Veteranen war Anderson, der Francine bat, ihn in die erste Etage ihres Hauses zu begleiten. „Er öffnet ein Fenster und zeigt mir den Abdruck einer Kugel in der Außenmauer. Und erklärt mir, dass er es war, der sie am 7. Juni abgefeuert hat. Er war in dem Apfelbaumfeld auf der anderen Seite des kleinen Flusses und hat versucht, einen Deutschen zu erschießen. Was er nicht wusste, war, dass Mama dort stand, nur 20 Zentimeter entfernt."

Sie weiß, wie wichtig die Erinnerung für diese Männer ist. Und auch für die Vereinigten Staaten von Amerika. Die Veteranen in Ehren zu halten und an die Befreiung der Welt vom Nationalsozialismus immer und immer wieder zu erinnern, ist die Aufgabe solcher Clubs. Auch darum kommen Veteranen in die Normandie.

„Was wird sein, wenn es keine Veteranen mehr gibt?", frage ich. „Soldaten, die damals 18, 19, 20 oder älter waren, sind heute um die 100 Jahre alt."

„Dann kommen ihre Nachfahren", antwortet Francine. „Schon heute kommen viele Familienangehörige mit den Veteranen. Es ist nicht nur für die ehemaligen Soldaten wichtig, an den Ort zurückzukehren, an dem sie unter dem Einsatz ihres Lebens für Freiheit und Demokratie gekämpft haben. Es ist auch für die USA wichtig. Denn die Befreiung Europas vom Nationalsozialismus Adolf Hitlers war der letzte gute, gerechte Kampf und damit der letzte Sieg, auf den Amerika stolz sein kann", sagt Francine.

Diese Frau weiß viel zu erzählen über ihre Begegnungen mit den Veteranen. Einmal fährt sie mit einem Kleinbus mit Veteranen über die Halbinsel Cotentin. Plötzlich überquert ein Mann die Straße, der die Uniform der Wehrmacht trägt. Sofort merkt sie eine Veränderung unter den Veteranen. Einige dieser alten Männer sind wie paralysiert, sie stehen unter Schock. Sie sehen sich zurückversetzt in die Zeit, in der sie genau hier Soldaten der Wehrmacht gegenüberstanden und reagieren mussten. Um sich selbst zu verteidigen und die Welt für Freiheit und Demokratie zurückzuerobern, mussten sie diese Soldaten töten oder gefangen nehmen. Die Veteranen in Francines Auto durchleben diese Erfahrung jetzt noch einmal. Und es tut ihnen genauso weh wie damals. Francine erkennt die Situation sofort. Noch heute, wenn sie davon erzählt, spürt man ihre Empörung. Sie geht zur Stadtverwaltung und fordert ein sofortiges Verbot der Wehrmachtsuniform. Heute ist das Tragen der Wehrmachtsuniform auch zu Gedenkfeiern nicht mehr erlaubt.

Im Jahr 2008 kommt Herbert Wein, ein junger Deutscher, dessen Eltern die Amerikaner hassten, in die Normandie. Francine erzählt: „Wir haben ihn willkommen geheißen. Bei einem Gedenkgottesdienst in der Kirche Sainte-Mère-Église hat mich Pfarrer Philippe Léonard gebeten, die Lesung zu halten und einen amerikanischen und einen deutschen Besucher zu bitten, die Lesung in Englisch und in Deutsch vorzutragen. Ich bat Herbert Wein, die Lesung auf Deutsch zu lesen. Er willigte ein. Aber während des gesamten Gottesdienstes hatte er Tränen in den Augen und hielt meine Hand. Nach der Messe sagte er mir, dass er sich nie hätte vorstellen können, als Deutscher vor all den anwesenden amerikanischen Offizieren und Soldaten in einer Kirche einen Bibeltext vorzulesen. Während der Zeremonie in unserem Haus habe ich ihn gebeten, die amerikanische Flagge zu tragen. Er war bewegt und hat sich herzlich bedankt. Nach der Feier sagte er mir, dass dies für ihn der Beginn der Versöhnung gewesen sei."

Mit treuer Regelmäßigkeit kommen alljährlich die ehemaligen Leutnants Dorothy und Ellan Levitzki in die Normandie. Die Geschwister Dorothy, Jahrgang 1917, und Ellan, Jahrgang 1919, sind Krankenschwestern. Von August 1944 bis April 1945 arbeiteten sie im amerikanischen Militärhospital in Bolleville, 27 Kilometer von Sainte-Mère-Église entfernt.

Selbstverständlich pflegten sie damals alle verwundeten Soldaten unabhängig von ihrer Nationalität. Aber einfach war das nicht. Immerhin waren die deutschen Soldaten die Feinde, die es zu besiegen galt. Ellan erzählt später: „Es war hart, die Deutschen zu pflegen. Aber wir haben es getan."

Nach dem Krieg nehmen sie regelmäßig an den Gedenkfeiern in Sainte-Mère-Église teil. Immer tragen sie stolz ihre Schiffchen, an denen sie als ehemalige Angehörige des amerikanischen Militärs zu erkennen sind. Immer nehmen sie am Gottesdienst in der Pfarrkirche teil. Als Bischof Lalanne sie einmal zur kirchlichen Feier begrüßen will, geht der großgewachsene Kirchenmann vor den kleinen Krankenschwestern auf die Knie, um in Augenhöhe mit ihnen reden zu können. Dorothy und Ellan sind tief berührt: „Wenn unsere Mutter das erlebt hätte: Ein katholischer Bischof kniet vor zwei jüdischen Krankenschwestern."

Ich selbst habe während meiner Zeit in der Normandie zweimal die Gelegenheit erhalten, zu Veteranen zu reden. Als ich im Herbst 2013 mit Laurence Bohec für eine Woche in die USA reiste, um unser Theaterprojekt für das Jubiläumsjahr 2014 vorzubereiten, bat unsere Gastgeberin Cathy Soref mich, auf einem Veteranentreffen ein Grußwort zu sprechen. „Du bist aus Deutschland, es tut den Veteranen sicher gut, wenn du etwas sagst", meinte Cathy, die sich in Locust Valley, der inoffiziellen Partnerstadt von Sainte-Mère-Église, seit Langem um die ehemaligen Soldaten der alliierten Streitkräfte bemüht. Ich war einverstanden und machte mir auf der Hinfahrt einige Notizen. Mir war wichtig, vor diesen Männern meinen Dank auszudrücken. „Danke, dass Sie dazu beigetragen haben, die Welt von dem Terror des Nationalsozialismus zu befreien", rufe ich den Veteranen zu. „Und danke, dass Sie auch mein Volk vom Terrorregime Adolf Hitlers befreit haben. Ohne die Hilfe der Vereinigten Staaten von Amerika wäre es uns in Westdeutschland nicht gelungen, eine funktionierende Demokratie aufzubauen."

Die andere Gelegenheit ergibt sich aus der Bitte des Bürgermeisters von Sainte-Marie-du-Mont, dass die Schwestern des Maison de la Paix bei den Feierlichkeiten am Utah Beach ein Wort in Französisch, Englisch und Deutsch an die versammelten Veteranen und Festteilnehmer richten.

In die Normandie kommen nicht nur die Veteranen aus den USA. In Bayeux zum Beispiel treffen sich die ehemaligen englischen Kämpfer, die Stadt liegt in der Nähe des Landungsstrandes Omaha Beach. Zum 70-jährigen Gedenken der Invasion finden an allen fünf Landungsstränden Feierlichkeiten statt. In der Kathedrale von Bayeux versammeln sich zum Festgottesdienst im Juni 2014 zahlreiche englische Veteranen. Geladene Gäste von nah und fern und das britische Königshaus nehmen ebenfalls teil. Man kennt die Queen, Prinz Philip, Prinz Charles und seine Frau Camilla aus zahllosen Medien. Aber es ist tatsächlich etwas ganz anderes, sie leibhaftig zu sehen – Queen Elizabeth ganz in Apfelgrün, Camilla in Schneeweiß gekleidet, inklusive Hut natürlich. Im Anschluss an den festlichen Gottesdienst ziehen wir wie in einer Prozession zum englischen Soldatenfriedhof. Den Veteranen sieht man an, wie gut es ihnen tut, von den vielen Einheimischen und Touristen jenseits der Absperrung der Straße beklatscht zu werden. Sie schreiten selbstbewusst die Straße entlang, allein oder am Arm eines Assistenten. Die Königin ist da, fast eine von ihnen, und sie hat mit ihnen Gottesdienst gefeiert.

Irgendwann erzählt Francine von Colonel Hager. Bei einem seiner Besuche in der Normandie hat er das dringende Bedürfnis, ihr etwas zu erzählen. Colonel Ernest Julius Hager gehörte zu den Fallschirmjägern der 82. Airborne Division, deren Auftrag es war, Sainte-Mère-Église zu befreien. Knapp 15 Jahre nach Kriegsende besucht er die Normandie und erzählt Francine: „Als wir uns nach unserem Absprung Sainte-Mère-Église näherten, entdeckten wir ein Haus, in dem sich etwa 20 deutsche Soldaten verschanzt hatten. Was sollte ich tun? Ich hatte doch keine Wahl. Ich konnte die feindlichen Soldaten doch nicht gefangen nehmen. Wohin hätte ich sie bringen können? Unser Befehl war es, Sainte-Mère-Église zu erobern und die Nationalstraße nach Cherbourg für den deutschen Nachschub zu sperren. Ich habe sie einzeln aus dem Haus holen lassen und sie erschossen. Es waren alles junge Männer. Sie waren doch nicht böse. Es waren ja nicht alle Soldaten Nationalsozialisten. Was hätte ich machen können? Ich musste sie alle einzeln aus dem Haus herausholen und sie töten."

Während er das erzählt, bricht er in heftiges Weinen aus. Dieser Mann von 60 Jahren hat nicht vergessen, was er damals tun musste. Er konnte es nicht vergessen. Sein Leben lang hat er diese Schuld, die keine Schuld war, mit sich getragen. Francine erzählt mir diese Geschichte und ist selbst sehr bewegt, dass dieser gestandene Mann noch fast 15 Jahre später so bitterlich darüber weint, dass er die feindlichen Soldaten töten musste. „Es waren keine schlechten Menschen" – das bleibt in seiner Erinnerung. Und es bleibt in Francines Erinnerung.

Und wieder stellen sich die Fragen: „Warum muss es sein, dass junge Menschen eines Landes auf junge Menschen eines anderen Landes schießen? Was macht es mit diesen Menschen, jemanden töten zu müssen, den sie nicht kennen? Der ihnen nichts getan hat? Dem sie unter normalen Umständen vielleicht niemals begegnet wären? Und was macht es heute mit diesen Menschen?"

Während ich an diesem Buch schreibe, kämpfen in der Ukraine ukrainische Soldaten gegen russische Soldaten. Kämpfen in Israel-Palästina israelische Soldaten gegen militante Anhänger der Hamas. Kämpfen in vielen Ländern Afrikas militante Gruppen gegen Frauen und Männer ihres eigenen Volkes. Ich spreche mit meiner Mitschwester Carmen Tereza aus Rumänien. Seit Beginn des russisch-ukrainischen Krieges fährt sie immer wieder mit dem Kolpingwerk[18] über die ukrainische Grenze, nur 200 Kilometer von dem Dorf entfernt, wo unsere Schwestern leben. Mit der Kolpingfamilie bringt sie Lebensmittel, Verbandsmaterial, Medikamente und weitere lebensnotwendige Dinge nach Czernowitz, der ersten größeren Stadt hinter der rumänisch-ukrainischen Grenze. Und immer hat sie ihre Taschen gefüllt mit Schokolade für die Kinder. Im vergangenen Monat haben sie ein Militärkrankenhaus besucht: schwer verletzte Soldaten, viele haben unter Beschuss einen Arm oder ein Bein verloren. Viele wirken apathisch.

„Ich sehe eine Veränderung bei den Menschen, die ich bei unseren Besuchen treffe", sagt Schwester Carmen Tereza. „Ich erlebe die Menschen mittlerweile als müde, sie scheinen seit Kriegsbeginn gealtert zu sein. Die Menschen sind müde, aber sie sind nicht bereit aufzugeben. Sie wollen weiterkämpfen, sie wollen ihr Land nicht verlieren. Und sie schauen jetzt anders auf das Leben. Sie sehen das Leben als Geschenk, sie schätzen mehr als früher ein Glas Wasser, ein Stück Brot, ein Paar warme Socken. Mich bewegt es sehr, zu erleben, wie viele Ukrainer sich gegenseitig unterstützen. Sie erwarten nicht nur Hilfe von außen, sondern helfen sich auch gegenseitig. Ich erlebe sehr viel gegenseitigen Respekt."

„Spürst du bei den Menschen, die du in der Ukraine triffst, einen Hass auf Russland?", frage ich sie. „Ja", antwortet sie, „ich spüre bei vielen Menschen einen deutlichen Hass auf diejenigen, die in ihr Land eingedrungen sind. Der Krieg hat die Menschen wütender gemacht. Wütend darüber, wie das russische Regime mit den Menschen umgeht. Wie sollen die Soldaten, die verstümmelt vom Kampffeld kommen, diejenigen nicht hassen, die ihnen das angetan haben? Wie sollen Mütter keinen Hass empfinden, wenn sie ihre Söhne begraben müssen? Und viele alte Frauen beten, dass die, die diesen Krieg begonnen haben, bald sterben."

Das ist die andere Seite des Krieges: Welche Verletzungen, welche kaum heilbaren Wunden bleiben zurück, wenn Frieden geschlossen wird? Wie muss ein Friede aussehen, der nicht über die Wunden hinweggeht, die der Krieg jedem einzelnen Menschen geschlagen hat?

„Wollen wir in Frieden leben,
muss der Friede aus uns selbst kommen."
(Jean-Jacques Rousseau, 1712 bis 1778)

Monsieur Hébert
und die Zeit der Kirschen

„Kannst du bei der Beerdigung meines Vaters bitte das Lied *Le temps des cerises* spielen? Mein Vater liebte dieses Lied so sehr, er hat es so oft gesungen." Diese Bitte unseres Freundes Jean-Jacques Hébert freut mich sehr. Jean-Jacques, der uns seit unserer Ankunft im Maison de la Paix mit seinen Ideen und seinem handwerklichen Können unterstützt hat, indem er mit seinem Freund Christian Lutier unseren „Friedensgarten" geschaffen hat. Wie oft hat er von seinem Vater erzählt. Monsieur Léon Hébert war einer der Pioniere der deutsch-französischen Freundschaft unter Jugendlichen nach dem Zweiten Weltkrieg. Mit dem jungen, engagierten Priester François Gardais, Pfarrer in Marchésieux, organisierte sein Dorf jedes Jahr Zeltlager in Bayern. Das Abenteuer eines mehrwöchigen Zeltlagers, die nächtlichen Wanderungen, die Begegnung der jungen Franzosen mit deutschen Jugendlichen und die gemeinsamen Unternehmungen haben die anfänglichen Vorurteile und die

„vererbten" negativen Haltungen dem ehemaligen Feind gegenüber nach und nach abgebaut. Freundschaften sind gewachsen und geblieben. Den 1972 gegründeten Verein „famille rurale" (Landfamilie) gibt es noch immer. Denn die Kinder und Enkel der Jugendlichen der 60er- und 70er-Jahre führen die Fahrten innerhalb Europas und besonders nach Deutschland bis heute fort.

Die politische Grundlage für die Freundschaft unter deutschen und französischen Jugendlichen hatte der Élysée-Vertrag gelegt. Nach gegenseitigen Besuchen von Präsident Charles de Gaulle und Bundeskanzler Konrad Adenauer 1962 unterzeichneten beide am 22. Januar 1963 den Élysée-Vertrag. Dieses Abkommen besiegelte mit der Versöhnung zwischen dem deutschen und dem französischen Volk das Ende seiner jahrhundertelangen Rivalität. Im Hintergrund des Élysée-Vertrages stand die Erkenntnis, dass einzig eine funktionierende Zusammenarbeit zwischen Frankreich und Deutschland ein vereintes und friedliches Europa schaffen könnte. Neben Regelungen über auswärtige Angelegenheiten und Streitkräfte legt der Vertrag fest:

Der deutschen und französischen Jugend sollen alle Möglichkeiten geboten werden, um die Bande, die zwischen ihnen bestehen, enger zu gestalten und ihr Verständnis füreinander zu vertiefen. Insbesondere wird der Gruppenaustausch weiter ausgebaut. Es wird ein Austausch- und Förderungswerk der beiden Länder errichtet, an dessen Spitze ein unabhängiges Kuratorium steht. Diesem Werk wird ein deutsch-französischer Gemeinschaftsfonds zur Verfügung gestellt, der der Begegnung und dem Austausch von Schülern, Studenten,

jungen Handwerkern und jungen Arbeitern zwischen bei-
den Ländern dient.[19]

Genau darum geht es Anfang der 70er-Jahre dem Priester
Francois Gardais, Léon Hébert, den Einwohnern und den
vielen jungen Leuten aus Marchésieux und Umgebung. Pfarrer Gardais kannte Oberst Franz Arsan, der als Hauptmann
der Wehrmacht in der Normandie gekämpft hatte. Nach
Kriegsende arbeitete er als Lehrer in Traunstein und wollte
seinen Teil beitragen zur Versöhnung zwischen den beiden
Völkern. Zu diesem Zweck beschlossen der Priester und der
ehemalige Soldat, Jugendcamps in Bayern zu organisieren.
Pfarrer Gardais entwickelte die Idee, einen Verein für die
Organisation und Finanzierung dieser Aufenthalte zu gründen; die Finanzierung gelang unter anderem auch mithilfe
des Deutsch-Französischen Jugendwerks. Jean-Jacques' Vater,
Léon Hébert, wurde später Vorsitzender des Vereins. Von Anfang an waren seine Kinder, darunter Jean-Jacques und seine
Freundin Annie, sowie mehrere Jugendliche aus dem Dorf
involviert, die im Laufe der Jahre die Lager mitorganisierten
und selbst leiteten.

Wie viele andere, die in den 1970er-Jahren deutsche und
französische Jugendcamps erlebt haben, beschreibt Jean-
Jacques heute rückblickend, was dieser Austausch bewirkt
hat: „Das Glück, ein Land durch Besuche und verschiedene Aktivitäten zu entdecken; das Glück, sich ohne Vorurteile
aufgenommen zu fühlen; das Glück, eine andere Kultur, eine
andere Sprache und andere junge Menschen zu entdecken
und sie besser zu verstehen." Sich zu treffen, um sich besser
kennenzulernen, verändert unseren Blick auf andere; genau

das wurde bei diesen Aufenthalten immer wieder erlebt. Den anderen zu kennen bedeutet, offen für seine Fähigkeiten zu sein. Frieden braucht immer einen oder mehrere Menschen, die Ideen und Initiativen entwickeln. Dies taten damals Pater Gardais und Oberst Arsan. Frieden entsteht nicht von selbst. Er muss aktiv empfangen und weitergegeben werden. Es braucht „Gärtner", die säen, und offene Herzen, die wie ein guter, fruchtbarer Boden die Samen des Friedens aufnehmen und sie wachsen lassen.

Bei der religiösen Zeremonie zu Ehren des 30-jährigen Bestehens der Jugendlager sagte der ständige Diakon Jean-Jacques in seiner Predigt:

Wir haben gelernt, über uns hinauszuwachsen, zu geben und so zu verstehen, dass der Weg des Glaubens an Gott durch den Menschen führt. Wir haben entdeckt, dass ein Lebensweg, ein Glaubensweg nicht im Individualismus gelebt wird, sondern mit einer möglichst großen Zahl von Teilnehmern. Wie viele Menschen haben sich im Rahmen von Ferienlagern auf den Weg gemacht? Wie viel Zeit haben sie freiwillig geopfert, um diese Projekte zu unterstützen? All diese Hilfe, die von Einzelpersonen, Vereinen, gewählten Vertretern, Familien und Jugendlichen geleistet wurde, hat zur Brüderlichkeit zwischen unseren Völkern beigetragen und Barrieren abgebaut. Bei all dieser Lebendigkeit, Begeisterung, Motivation und fleißigen Arbeit konnte es nur eine gute Ernte geben, von der ein großer Teil heute in dieser Versammlung anwesend ist. Keimen und Wachsenlassen, heißt das nicht, von einem verlangsamten Leben zu einem aktiven Leben überzugehen?

Die Erinnerung ist auch heute noch lebendig in den Jugendlichen der 60er- und 70er-Jahre. Als Jean-Jacques und seine
Frau Annie mich nach meiner Rückkehr aus der Normandie in Deutschland besuchen, essen wir in einem Restaurant
zu Mittag. Ich übersetze ihnen das Angebot der Speisekarte.
Und wie aus einem Mund sagen beide: „Leberkäse mit Spie-
gelei, das haben wir in Bayern immer gegessen." Begeistert
überzeugen sie Jojo und Michèle, ein ihnen und mir befreun-
detes Ehepaar, das mitgekommen ist, von diesem typisch
deutschen Gericht. Mit dem Leberkäse werden Erinnerungen wach. „Es war so wichtig, dass wir damals jedes Jahr nach
Deutschland gefahren sind. Wir hatten ein so natürliches,
freundschaftliches Verhältnis zu den Jugendlichen aus Bayern. Es war nichts mehr zu spüren von Misstrauen, Vorurtei-
len oder Ablehnung. Wir haben einfach gemeinsam gefeiert,
gesungen und gelacht, das war möglich über alle Sprachgrenzen hinweg", erzählen Annie und Jean-Jacques.

Zwei Völker, die über lange Zeit und drei Kriege hinweg
verfeindet waren, haben es geschafft, sich zu versöhnen und
miteinander ein friedliches Europa zu begründen. Bedenkt
man die Feindseligkeiten und Demütigungen, die sich die
beiden Staaten gegenseitig zugefügt haben, kann man sich
nur dankbar verneigen vor dieser Leistung. Ich denke beispielsweise an die Demütigung der Franzosen durch die Pro-
klamation des deutschen Kaiserreiches im Spiegelsaal des
noch von Deutschland besetzten Versailles 1871. Und an die
Demütigung der Deutschen durch den Versailler Friedens-
vertrag 1919.

Gegen Ende des Deutsch-Französischen Krieges 1870/71
hatte sich im von Preußen besetzten Paris die sogenannte Pa-

riser Kommune gebildet, eine Bewegung, die sich gegen die Besatzung wehrte und auf sozialistischer Basis eine direkte Demokratie schaffen wollte. Knapp zwei Monate lang versuchten Arbeiter und Intellektuelle, eine gerechtere soziale Ordnung zu schaffen, die auch die Unterprivilegierten an der politischen Macht beteiligen wollte. Im Mai 1871 schlug das französische Militär die an sich friedliche sozialistische Revolution blutig nieder und tötete mehrere Tausend Männer und Frauen, zum größten Teil Angehörige der untersten Schichten. In die Geschichte ging diese Niederschlagung als „semaine sanglante", als „Blutwoche" ein.

Das Lied *Le temps des cerises*[20] (Die Zeit der Kirschen) wurde zum Symbollied der gescheiterten, aber nicht für immer verlorenen Revolution. Jean-Baptiste Clément hatte es fünf Jahre vor der Niederschlagung der Pariser Kommune als Liebeslied geschrieben. Es besingt eine verlorene Liebe, gibt aber die Hoffnung auf die Liebe nicht auf, auch wenn die Liebe mit Schmerz verbunden ist. Nach der Zeit der Pariser Kommune haben die Menschen die im Lied beschriebene verlorene Liebe auf die verlorene Revolution übertragen mit dem Gedanken: Wir haben verloren, aber wir geben die Hoffnung nicht auf. Wir werden uns immer wieder erheben gegen Ungerechtigkeit.

Der Liedtext ins Deutsche übersetzt:

Wenn wir die Zeit der Kirschen besingen werden und die fröhliche Nachtigall und die Spottdrossel alle ein Fest feiern werden, werden die Schönen Unsinn im Kopf haben und die Liebenden Sonne im Herzen. Wenn wir die Zeit der Kirschen besingen werden, wird die Spottdrossel noch schöner zwitschern.

Aber sie ist kurz, die Zeit der Kirschen, in der man hingeht,
um träumend zwei als Ohrringe zu pflücken, Kirschen der
Liebe in den gleichen Farben fallen herunter vom Blatt wie
Blutstropfen. Aber sie ist ganz kurz, die Zeit der Kirschen,
Korallenohrringe, die man pflückt im Traum.
Wenn du in der Zeit der Kirschen sein wirst, wenn du Angst
vor Liebeskummer hast, vermeide die Schönen. Ich, der den
grausamen Kummer nicht fürchtet, ich werde nicht leben,
ohne eines Tages zu leiden. Wenn du dann in der Zeit der
Kirschen sein wirst, wirst du auch Liebeskummer haben.
Ich werde immer die Zeit der Kirschen lieben: Aus dieser Zeit
bleibt in meinem Herzen eine offene Wunde. Und Dame For-
tuna, die mir entgegenkommt, wird niemals meinen Schmerz
beenden können. Ich werde immer die Zeit der Kirschen lie-
ben und die Erinnerung, die ich im Herzen bewahre.

Als Jean-Jacques mich 2015 bittet, bei der Beerdigung seines Vaters *Le temps de cerises* zu spielen, bewegt mich diese Bitte aus zweierlei Gründen. Zum einen will ich den verstorbenen Léon Hébert ehren für sein Werk der Versöhnung von französischen und deutschen Jugendlichen.

Zum anderen denke ich an die friedliche Revolution, die wir in unserem Land 1989 erlebt haben. Denn drei Wochen nach dem Fall der Mauer, am 1. Dezember 1989, sang der Liedermacher und Lyriker Wolf Biermann in den Leipziger Messehallen vor 8.000 Zuschauern das Lied *Le temps des cerises* in seiner eigenen französisch-deutschen Fassung. Das Konzert wurde sowohl im bundesdeutschen als auch im DDR-Fernsehen live übertragen. In seiner Ankündigung des Liedes sagte Wolf Biermann: „Darf ich euch das berühmte

Lied der Pariser Kommune vorsingen *Le temps des cerises, die Zeit der Kirschen*? Wir reden ja nicht umsonst so oft von der Kommune, weil dort nämlich zum ersten Mal das Volk selbst das getan hat, was ihr hier in Leipzig getan habt: sich die Macht erobern. Freilich nicht mit der sanften Gewalt der Vernunft wie hier in Leipzig, sondern blutig wurden sie dann niedergeschlagen, die Kommunarden."[21]

Welch eine sprechende Geste, welch eine Verbindung des Geistes und der Herzen mit den Brüdern und Schwestern im Nachbarland Frankreich ist das Singen dieses Liedes in jenem für Deutschland so bedeutenden Moment. Wolf Biermann, geboren 1936 in Hamburg, wanderte 1953 in die DDR aus. Da er im Laufe der Zeit zu einem scharfen Kritiker des SED-Regimes wurde, erhielt er Auftrittsverbot und wurde 1976 aus der DDR ausgebürgert. 13 Jahre später tritt er in seiner ehemaligen Wahlheimat wieder auf und singt in Leipzig, einer der Städte, in der die sogenannte samtene Revolution ihren Anfang nahm, das Revolutionslied der Pariser Kommune.

In seiner Version singt er „Doch umhaun soll mich niemals nicht keine Furcht / Ich weiß was mir blüht, bleib dennoch beherzt!" in der dritten Strophe und „Auf immer bleibt mir die Kirschenzeit lieb / Auch wenn mir davon im Herz stecken blieb / Die Wunde, die nie mehr heilt" in der vierten.[22] Man meint, seinen Schmerz angesichts seiner damaligen Ausbürgerung aus der DDR und seinen unbedingten Willen, sich nicht unterkriegen zu lassen, aus seinen Worten zu hören. Diesen Willen singt er seinen Zuhörern an jenem 1. Dezember 1989 zu, die bis vor Kurzem in einem politischen System gelebt hatten, in dem der eigene Wille und die persönliche Freiheit des Einzelnen nicht die oberste Priorität hatten.

Vielleicht hat das Singen des Liedes *Le temps des cerises* auch etwas mit Versöhnung zu tun. Mit der Versöhnung mit Grenzen und Verlusterfahrungen. Und dem aus der Versöhnung erwachsenen Willen, nicht aufzugeben, sondern voller Mut und Engagement weiterzugehen – sowohl bei Wolf Biermann als auch bei Vater und Sohn Hébert.

Unser Freund Jean-Jacques Hébert ist engagiertes Mitglied der „Action catholique ouvrière" (ACO), zu vergleichen mit der „Katholischen Arbeitnehmerbewegung" (KAB) in Deutschland. Bei meinem Besuch im Sommer 2023 erzählt er vom nationalen Treffen der Mitglieder der ACO in Lourdes im Juni 2022. Es stand unter dem Thema: „Être co-créateurs d'un monde meilleur" (Mitgestalter einer besseren Welt sein). Und gemeinsam überlegen Jean-Jacques, seine Frau Annie und ich, was das für uns und für unser Herzensanliegen, für den Frieden und die Versöhnung der Völker, bedeuten kann:

Mitgestalter einer besseren Welt sein
Mitgestalter einer friedlicheren Welt sein
Mitgestalter einer respektvolleren Welt sein
Mitgestalter einer gerechteren Welt sein
Mitgestalter einer solidarischeren Welt sein
Mitgestalter einer menschlicheren Welt sein

Kann das so gehen, wie es in einem Gebet heißt, das dem heiligen Franz von Assisi (1181 oder 1182 bis 1226) zugeschrieben wird?

Herr, mach mich zu einem Werkzeug deines Friedens,
dass ich liebe, wo man hasst;
dass ich verzeihe, wo man beleidigt;
dass ich verbinde, wo Streit ist;
dass ich die Wahrheit sage, wo Irrtum ist;
dass ich Glauben bringe, wo Zweifel droht;
dass ich Hoffnung wecke, wo Verzweiflung quält;
dass ich Licht entzünde, wo Finsternis regiert;
dass ich Freude bringe, wo der Kummer wohnt.
Herr, lass mich trachten,
nicht, dass ich getröstet werde, sondern dass ich tröste;
nicht, dass ich verstanden werde, sondern dass ich verstehe;
nicht, dass ich geliebt werde, sondern dass ich liebe.
Denn wer sich hingibt, der empfängt;
wer sich selbst vergisst, der findet;
wer verzeiht, dem wird verziehen;
und wer stirbt, der erwacht zum ewigen Leben.

Dieses Gebet wird vielerorts, und nicht nur im christlichen Kontext, rezitiert: in Kirchen, bei Friedensveranstaltungen, bei Jugendtreffen, bei Meditationswochenenden. Dennoch: Diese Gedanken in die Realität des Alltags umzusetzen, scheint alles andere als selbstverständlich. Wie kann es denn gehen: lieben, wo man hasst; verzeihen, wo man beleidigt; den Glauben bringen, wo Zweifel droht? Und vielleicht noch schwieriger zu verwirklichen: nicht wünschen, getröstet zu werden, sondern zu trösten; nicht wünschen, verstanden zu werden, sondern zu verstehen; nicht wünschen, geliebt zu werden, sondern zu lieben. Und: Kann eine solche Haltung erwartet werden in einem Land, das von einem anderen Land brutal überfallen worden ist und das um seine Existenz, sein Recht zu bestehen, kämpft, wie es während der Entstehung dieses Buches in der Ukraine und in Israel-Palästina der Fall ist?

Wird dieses Gebet lebensnaher und realisierbarer, wenn ich es als Anleitung zu einem gelasseneren und friedlicheren Leben verstehe und es jeden Tag in kleinen Schritten einübe? Und wenn ich Gott um die Kraft und die Geduld bitte, dass diese spirituelle, urchristliche Haltung immer mehr meine eigene Haltung wird? Ich kann gleichzeitig auch einüben, nicht in die Opferrolle des „niemand tröstet mich, niemand versteht mich, niemand liebt mich" zu geraten, und stattdessen selbst einüben zu trösten, andere zu verstehen, ihnen meine Liebe zu schenken. Wir haben wahrscheinlich alle schon die Erfahrung gemacht, etwas zurückzubekommen, wenn wir etwas geben, und Frieden zu empfinden, wenn es uns gelungen ist zu verzeihen.

Wir tragen wohl alle Keime von Frieden, Güte und Mitmenschlichkeit in uns, die nur schwer auszurotten sind. Wahrscheinlich schlummert auch in den größten Verbrechern diese Veranlagung zur Hilfsbereitschaft und Liebe. Es ist nur die Frage, inwieweit diese unsere Veranlagung gepflegt oder unterdrückt wird. Kann die Welt um uns herum, und irgendwann dann auch die Welt im Ganzen, ein wenig friedlicher und menschenfreundlicher werden, wenn wir alle uns bemühen, so zu leben, wie es das Gebet des Franz von Assisi lehrt?

„Frieden kannst du nur haben,
wenn du ihn gibst."

(Marie von Ebner-Eschenbach, 1830 bis 1916)

Der Soldat Rudolph May und sein Sohn

„Man war ja so erzogen worden: An der Kirche durfte nichts passieren, kein Mord, das hätte sie entweiht. Darum habe ich nicht geschossen, und weil ich mich selber retten wollte – so habe ich ihn gerettet." Das berichtet der ehemalige Soldat Rudolph May am 12. Juni 1984 seiner Heimatzeitung in Düren. Er redet von seiner unfreiwilligen Begegnung mit dem amerikanischen Fallschirmjäger John Steele, dessen Fallschirmseile sich an dem Kirchturm verhedderten, in dem Rudolph May Wache hielt in jener Nacht, in der die Alliierten in der Normandie landeten. Genau 40 Jahre später ist Rudolph May nach Sainte-Mère-Église zurückgekehrt, um an den Feierlichkeiten zum 40-jährigen Gedenken der Befreiung teilzunehmen. Es ist sein dritter und letzter Besuch in der Normandie, ein Jahr später stirbt er in seinem Heimatort Niederzier im Kreis Düren.

In einem Café in Köln habe ich mich mit Jörg Kohnen-May, dem Sohn von Rudolph May, verabredet. Er ist bereit, mir von seinem Vater zu erzählen und von ihren gemeinsamen Besuchen in der Normandie. Noch bevor wir Kaffee und Kuchen bestellen, überreicht er mir einen Bericht, den sein Vater geschrieben hat über das, was in den Tagen und Nächten rund um den D-Day in Sainte-Mère-Église geschehen ist. Jörg Kohnen-May hat den Bericht seines Vaters ins Englische übersetzt für das Buch *Ste. Mère-Église, June 1944. No better place to die. The battle for la Fière Bridge (Ste. Mère-Église, Juni 1944. Kein besserer Ort zum Sterben. Die Schlacht um die Brücke La Fière).*[23] Rudolph Mays Schilderung ist so lebendig geschrieben, dass man fast das Gefühl hat, dabei gewesen zu sein.

Besetzung des Glockenturms von Ste. Mère-Église: Eine deutsche Perspektive. Von Rudolph May

Wir verbrachten den Abend des 5. Juni damit, mit unseren Fahrrädern über das Kirchengelände zu rasen, waren glücklich und hatten Spaß. Gegen 11 Uhr abends ging ich zum Wachdienst auf der Seite des Glockenturms, die dem Kirchplatz zugewandt war. Im Kirchturm befand sich auch das Telefon, das uns mit unserer Kampfeinheit verband (über das zentrale Telefon). Alles war ruhig und still.

Gegen Mitternacht flogen einige Flugzeuge über uns hinweg. Ich bemerkte, dass sie einige Gegenstände abwarfen. Unsere Flugabwehr schoss auf die Flugzeuge. Ich meldete dies unserer Kampfeinheit, und ihre Antwort war: „Beobachte weiter!“ Dann wurde die Feuerglocke geläutet, weil ein Geschäft oder ein Haus am Rande des Dorfes Feuer gefangen hatte. Die Leute rannten dorthin, und das Läuten der Glocke weckte meine Kameraden auf. Immer mehr Flugzeuge flogen über Sainte-Mère-Église und warfen Container mit Vorräten ab, die wir am nächsten Morgen fanden. Das Gebäude brannte noch immer, Männer liefen herum, und auch unsere Luftabwehrstellungen wurden aktiv. Ich sah meine Kameraden auf dem Kirchplatz stehen. Der Schein des Feuers erhellte die ganze Szene.

Und dann kamen sie, Wellen von Flugzeugen, aus denen Fallschirmspringer sprangen, die den mondbeschienenen Himmel verdunkelten. Sie schwebten herab und landeten auf den Dächern, in den Straßen und auf den Kastanienbäumen auf dem Kirchengelände. Ich hatte meiner Truppe schon berichtet, was passiert war, aber die Antwort war immer: „Bleiben Sie, wo Sie sind, und beobachten Sie weiter!" Der wachhabende Soldat, der sich auf der gegenüberliegenden Seite des Turmes befand, war bereits zu mir herübergekommen. Er war ein sehr junger Soldat ohne jegliche Kriegserfahrung.

In der Zwischenzeit war ich nach unten gegangen, um mit meinen Kameraden zu besprechen, was wir nun tun sollten. Unser Unteroffizier sagte mir, ich solle unsere Kampfgruppe noch einmal anrufen, um ihre Befehle zu erhalten. Als wir dort standen, gerieten wir unter Beschuss und ein junger Kamerad wurde erschossen. Ich ging zurück in die Kirche und kletterte auf den Turm. Ich konnte keine Verbindung mehr zur Kampfeinheit herstellen; das zentrale Telefon war abgeschaltet. Ich bemerkte auch, dass die schweren Fahrzeuge verschwunden waren.

Immer mehr Fallschirmjäger sprangen aus den Flugzeugen. Mein junger Kamerad und ich knieten in der Dachrinne des Turms und beobachteten die Szene. Plötzlich wurde es dunkel und jemand flog an uns vorbei. Dann sahen wir Schnüre, die sich über die Brüstung spannten. Dort hing ein Mann, außer Kraft gesetzt. Er hing da, als ob er tot wäre – aber nach einer

Weile fing er an, sich zu bewegen. Dann hörten wir ihn auch
seufzen. Mein Kamerad nahm sein Gewehr, um ihn zu erschie-
ßen, was in unserer Situation auch verständlich gewesen wäre.

Aber ich nahm ihm die Waffe weg und sagte: „Sei nicht ver-
rückt, wenn uns hier jemand entdeckt, kommen wir hier nie
wieder weg!" Ich hatte ein Klappmesser bei mir und begann, die
Schnüre des Fallschirmes durchzuschneiden. Aber es war nicht
einfach, denn mein Messer war nicht sehr scharf. Nachdem ich
mehrere Schnüre durchgeschnitten hatte und sie auf den Kirch-
platz geworfen hatte, dachte ich: „So, jetzt wirst du (der ame-
rikanische Soldat, der vor mir hing) mir keinen Schaden zufü-
gen und wirst nicht in der Lage sein, hier hochzuklettern!" Der
Fallschirmjäger, John Steele, konnte sich an der Seite der Kirche
abseilen.

(…) Dann forderte uns unser Unteroffizier auf, die Kirche
zu verlassen. Mein Kamerad und ich verließen die Kirche und
besprachen mit den anderen, wie wir am einfachsten unsere
Fahrräder erreichen konnten. Dann geschah etwas Seltsames:
Wir gingen über das Kirchengelände und überquerten dann die
Straße, wobei wir etwa fünf bis zehn Meter Abstand hielten. Tote
Fallschirmjäger lagen auf der Straße nach Carentan, zermalmt
von den großen Raupenrädern der Fahrzeuge, die Sainte-Mère-
Église bereits verlassen hatten. Es war ein furchtbarer, schreckli-
cher Anblick. Einige amerikanische Soldaten hatten sich in den
Hauseingängen zusammengekauert. Wir taten nichts, und sie
taten auch nichts. Aber bitte bedenken Sie, dass wir Sainte-Mè-
re-Église und seine Umgebung kannten, während die Ameri-
kaner sich erst noch orientieren mussten. Wir erreichten unsere
Fahrräder, nahmen sie und fuhren zu unserer Kampfeinheit.
Wir erstatteten Hauptmann Fischer Bericht und rieten ihm,

schnell zu mobilisieren, um einen Angriff auf Sainte-Mère-Église zu starten. Diese Herren bewegten sich jedoch nicht von ihrem Kommandoposten. So saßen wir dort auf den engen Wegen, in den Hecken und Büschen und lauschten dem Zirpen der Grillen und dem Klacken, mit dem sich die Amerikaner untereinander verständigten.

Bei Tagesanbruch fanden wir auch einen amerikanischen Container mit Vorräten, in dem wir schöne Dinge fanden, die wir noch nicht kannten. Zum Beispiel gab es einige kleine Päckchen, deren Etiketten wir nicht lesen konnten und von denen wir annahmen, dass es Material zum Anzünden eines Feuers war. Während unserer späteren Gefangenschaft erfuhren wir, dass es sich um Kaugummi handelte.

Dann kamen die Segelflugzeuge. In unserer Zone krachten mehrere von ihnen in die Rommelspargel oder in die Hecken. Ein Ereignis, das ich nicht vergessen kann, war, dass ein Frachtflugzeug auf dem Gras landete und direkt in unsere Richtung glitt. Wir begannen, darauf zu schießen, und es kam nur fünf Meter vor uns zum Stehen. Der Pilot wurde ins Knie geschossen, und wir nahmen die gesamte Besatzung fest. In dem Gleiter befanden sich ein Jeep und ein Panzerabwehrgeschütz.

Ich durchsuchte ihren Anführer – ich glaube, es war ein Leutnant – nach Waffen und legte meine Hand auf seine Uhr. Ich sah mir das schöne Ding an und gab es ihm zurück. Er neigte sich vor mir zum Dank. Ja, manchmal geschehen seltsame Dinge. Wir nahmen unsere neuen amerikanischen Kriegsgefangenen mit ins Château. Ich glaube, sie waren nicht lange dort, bevor sie wieder mit ihren Truppen vereint wurden.

Wir blieben dort, sahen aber nichts von unseren Offizieren. Wir beschlossen, aus unserem Spähtrupp auszubrechen, aber wir kamen nicht sehr weit. Es wurde geschossen, und ich wurde an der Schulter verwundet, sodass wir uns zum Schloss zurückzogen. Das war am Nachmittag des 6. Juni.

In der Nacht brach unsere Kampfeinheit in ausgewählten Gruppen aus. Wir waren in einer Gruppe von etwa 100 bis 120 Mann. Wir marschierten über die Felder und entlang der Hecken in Richtung Carentan. In der Morgendämmerung des 7. Juni erreichten wir die Eisenbahnlinie zwischen Cherbourg und Carentan, aber der Bahndamm war gesprengt worden und das ganze Gebiet stand unter Wasser. Wir entschlossen uns, bis zum Abend zu warten und dann über die Schwellen und Gleise zu gehen, die dort hingen. Aber es sollte nicht sein: Amerikanische Einheiten entdeckten uns, wir wurden eingekesselt und gefangen genommen. Ich glaube, das Haus, in dem wir uns ergeben haben, ist heute ein Krankenhaus oder ein Seniorenheim.

In Chef-du-Pont wurden wir nach Waffen durchsucht. Bei mir ging alles sehr schnell, denn ich war verwundet. Ein Arzt verband mich, und ich wurde mit dem Jeep zum Strand gebracht. Dort setzte ich mich in den Sand und beobachtete die riesige Flotte, die an der Küste ankerte. Danach wurde ich auf einen Amphibien-LKW verladen und auf ein amerikanisches Schiff gebracht. Das war das Ende des Krieges für mich.

So weit der Bericht von Rudolph May.

Als Rudolph 1964, genau zwanzig Jahre nach der spektakulären Befreiung John Steeles, zum ersten Mal nach Sainte-Mère-Église zurückkommt, kommt er durch die Vermittlung der Gemeindeverwaltung bei der Familie Danlos, unter. Die Familien freunden sich an. Noch zweimal wohnt Rudolph May bei Familie Danlos, 1977 nimmt er seinen vierzehnjährigen Sohn Jörg mit. Die Freundschaft zwischen der französischen und der deutschen Familie überdauert den Tod von Rudolph. 2017 besucht Jörg Kohnen-May mit seiner Frau und seinen beiden Söhnen das Dorf, in dem sein Vater Geschichte schrieb – und trifft auch Claude und Simone Danlos. Zwei Jahre später kommt es zu einem Wiedersehen auch mit deren Sohn Jean-Paul. „Die Freundschaft mit der Familie Danlos und auch die zu anderen Familien, die wir seit 2017 in Sainte-Mère-Église kennen- und schätzen gelernt haben, ist sehr wertvoll für meine Familie und mich. Freundschaften schließen und pflegen über Ländergrenzen hinweg – das ist für uns ein großer Gewinn. Und auch ein kleiner, privater Beitrag zur Verständigung und zum Frieden zwischen den Nationen", sagt Jörg Kohnen-May in unserem Gespräch im Café. „Es ist doch großartig, dass Frankreich und Deutschland es geschafft haben, aufeinander zuzugehen und Frieden zu schließen. Wir haben keine Grenzkontrollen mehr, wir streiten uns nicht mehr um die politische Zugehörigkeit des Saarlandes, des Elsass oder Lothringens. Wir leben miteinander in Frieden. Das ist die Kernidee von Europa. Politische Absichtserklärungen zu verfassen und zu unterschreiben ist das eine. Worauf es aber ankommt, ist es, Frieden zu leben. Das gelingt durch persönliche Begegnungen und Beziehungen, die aktiv gesucht und gepflegt werden."

Jörg Kohnen-May erlebt einen sehr besonderen Moment der Freundschaft im Juni 2019. Zum 75. Gedenktag der Landung der Alliierten hat Bürgermeister Jean Quétier ihn und Erick Harris, den Neffen von John Steele, nach Sainte-Mère-Église eingeladen. Ein geschichtsinteressierter Bewohner des Ortes, Jean-Marie Lemoigne, der den Ereignissen des D-Day und den daran beteiligten Menschen nachforscht, hatte die Idee zu dem Treffen und hat den Kontakt zu Erick Harris vermittelt. Was den beiden ehemaligen Soldaten nicht gelungen ist – sich in Friedenszeiten in der Normandie zu begegnen –, sollte jetzt für ihre Nachkommen Wirklichkeit werden. Gemeinsam mit Jean Quétier und einem Fernsehteam steigen die beiden Männer auf den Kirchturm, auf dem 75 Jahre zuvor ihre Vorfahren jene schicksalhafte Begegnung hatten. Als ich im Sommer 2023 mit Jean Quétier über dieses Ereignis spreche, ist er immer noch sehr bewegt. Er sagt: „Es war ein solch bewegender Moment dort oben auf dem Kirchturm. Ich habe der Presse gesagt, wir lassen die beiden jetzt einen Augenblick allein an der Stelle, an der der Vater des einen und der Onkel des anderen vor genau 75 Jahre ein Stück Friedensgeschichte geschrieben haben. Wir haben uns zurückgezogen und die beiden sind 15 Minuten dort oben geblieben. Als wir alle wieder herabgestiegen sind, herrschte absolute Stille in der gut gefüllten Kirche. Ich hatte das Gefühl, dass niemand zu atmen wagte. Alle spürten: Hier war etwas Großes geschehen."

Jörg Kohnen-May bestätigt dieses Empfinden. „Ich war einfach sehr froh, dort zu stehen, wo mein Vater gestanden hat. Bei ihm ging es um die Existenz, um sein Leben. Jetzt, in Friedenszeiten, stand ich dort mit Erick als Bürger zweier Nationen, die sich hier einst bekämpft haben, das hat mich schon sehr berührt. Für Erick war es die erste Reise nach Europa, und dann gleich an diesen besonderen Ort – auch er war sehr bewegt. Auf dem Kirchturm habe ich gesagt, es sei wirklich beeindruckend, wie dieses Ereignis hier gefeiert werde, dies sei eine gute, schöne Botschaft."

Vier Jahre später wird diese Begegnung für die Bewohner des normannischen Dorfes und Zehntausende von Fernsehzuschauern lebendig. Am 14. Mai 2023 wird der sonntägliche Fernsehgottesdienst aus Sainte-Mère-Église übertragen. Die Predigt hält der Dominikanerpater Yves Combeau. Er spricht über den Frieden und erwähnt den Fallschirmspringer John Steele. Er beendet seine Predigt mit den Worten: „Der schönste Tag, bei allem Respekt für diesen Soldaten, war nicht der Tag, an dem John Steele über Sainte-Mère-Église absprang. Der schönste Tag war der, an dem John Steeles Neffe hier in dieser Kirche dem Sohn von Rudolph May, dem deutschen Soldaten, der auf dem Kirchturm stationiert war, die Hand schüttelte. An diesem Tag hat sich unsere Menschheit über sich selbst erhoben, hat sich endlich dort hingestellt, wo Gott sie erwartet, in den Mut der Freundschaft."[24]

In meditativer Weise reflektiert der Kurzfilm *Choisis la Paix* (Wähle den Frieden) die Begegnung der beiden Soldaten auf dem Kirchturm. Das Bistum Coutances hat ihn für das Maison de la Paix in Auftrag gegeben. Die letzte Sequenz ist vielleicht die bedeutendste des ganzen Filmclips:

Wenn wir uns einen Augenblick lang den Kontext vorstellen, in dem sich Rudolph an diesem Abend im Kirchturm befand: das Heulen der Sirenen, Schüsse aus Maschinengewehren, Angst im Bauch und das Gefühl, dass das Ende nahe ist – wie konnte Rudolph widerstehen und sich entscheiden für einen Akt des Friedens, obwohl ihn alles dazu drängte, sein Leben zu retten anstatt das des Feindes? Der Heroismus der Friedenstifter besteht darin, sich für die Liebe zu entscheiden; sich zu entscheiden, sein Leben zu riskieren, um das der anderen zu retten. Könnte es sein, dass Rudolph in diesem Moment an den gedacht hat, der in der Kirche verehrt wird, den einzigen Menschen, der sich in jedem Augenblick seines Lebens für den Frieden entschieden hat, der einzige Mensch, der das Böse immer mit dem Guten beantwortet hat, der angesichts des Hasses liebt, dieser Unschuldige, der am Kreuz das abscheuliche Zeichen der Gewalt der Menschen verwandelt hat in ein Zeichen der Versöhnung und des Lebens? Jesus Christus, Mensch und Gott, flüsterte er nicht an jenem Abend in das Herz des Soldaten: Wähle das Leben? Diese gleiche Stimme flüstert in jedes Menschenherz; sie wirkt in jedem Herzen, das sich ihr öffnet und sein Denken und Handeln von ihr leiten lässt. Selig, die Frieden stiften; denn sie werden Kinder Gottes genannt werden (Matthäusevangelium 5,9). Das ist die Stimme Jesu Christi für jeden von uns, hören wir auf sie![25]

„Die letzten Stichworte in einem richtig
geführten menschlichen Leben
müssen Friede und Güte heißen."
(Carl Hilty, 1833 bis 1909)

Das Lager in Foucarville und das Lernen von Demokratie

Bei meinem Besuch in der Normandie 2023 erfahre ich, dass die eher unscheinbare Gedenkstätte des ehemaligen Kriegsgefangenenlagers CCPWE No 19 (Continental Central Prisoner of War Enclosure)[26], sieben Kilometer von Sainte-Mère-Église entfernt, in den letzten Jahren an Bedeutung gewonnen hat. Wir waren oft da, vor dem Gelände, auf dem sich von 1944 bis 1947 das größte Gefangenenlager auf französischem Boden befand. Nichts ist übrig von den Baracken, dem Krankenhaus, den Küchen, Werkstätten, Kirchen, Theatern, dem Eisenbahnnetz und der Universität. Einzig eine Gedenkstele und die französische, amerikanische und deutsche Flagge erinnern daran, dass hier einst 60.000 deutsche Kriegsgefangene inhaftiert waren, darunter 17.000 unter 18-Jährige. Die Gedenkstele, die 1996 am ehemaligen Lagereingang errichtet wurde, ist bemerkenswert: zwei hohe rechteckige Säulen, die eine aus grauem, die andere aus braunem Granit, stehen dicht nebeneinander. Sie sind verbunden durch ein leicht gebogenes steinernes Band, das die Aufschrift trägt: „L'union donne paix et amitié" (Die Einheit schafft Frieden und Freundschaft).

Anne Broilliard, die in der Nähe des Lagers aufgewachsen ist, und Benoît Lenoël aus Foucarville haben 2017 ein Buch über dieses Lager veröffentlicht: *Prisonniers allemands en Normandie. Un camp américain – Foucarville 1944–1947* (*Deutsche Gefangene in der Normandie. Ein amerikanisches Lager – Foucarville 1944–1947*). Mit zahlreichen Zeugenberichten und Fotos zeichnet das Buch das einstige Lagerleben nach und lässt es 70 Jahre nach der Lagerschließung vor den Augen der Leserinnen und Leser lebendig werden. Der folgende Text stützt sich hauptsächlich auf dieses Buch.

Das amerikanische Militär errichtete im Juni 1944 im Ortsgebiet von Foucarville und Ravenoville, zwei Stunden Fußmarsch vom Utah Beach, das Lager CCPWE No 19 für zunächst 20.000 Kriegsgefangene. Im Laufe der Monate musste es wegen der ständig eintreffenden Kriegsgefangenen vergrößert werden. Tatsächlich beherbergte das Lager zwischen 55.000 und 60.000 deutsche Kriegsgefangene. Mit dieser Anzahl und mit seiner 100 Hektar großen Fläche war es das größte amerikanische Kriegsgefangenenlager auf französischem Boden.

Neben dem Lager in Foucarville gab es drei Lager rund um die Hafenstadt Cherbourg. Insgesamt waren im Mai 1945 in den amerikanischen Gefangenenlagern der Halbinsel Cotentin 155.000 deutsche Kriegsgefangene interniert. Der Großteil der Soldaten war nicht in der Normandie, sondern im Norden und Osten Frankreichs, in Belgien und besonders in Deutschland gefangen genommen und in die Normandie gebracht worden. Neben Generälen, Offizieren und anderen Dienstgraden befanden sich im Lager Nr. 19 auch eine große Anzahl sehr junger Soldaten. Diese unter 18-Jährigen wurden Baby PW[27] genannt und in gesonderten Cages (Parzellen) untergebracht, die Baby Cage genannt wurden. Weil viele der jugendlichen Soldaten unterernährt und völlig erschöpft waren, erhielten sie zusätzliche Verpflegung.

Verantwortlich für das Lager war Lieutenant-Colonel Warren J. Kennedy, ein wahrer Humanist. In den ersten Monaten gab es weder Strom noch Heizung, die Gefangenen schliefen in Zelten. Die wichtigste Aufgabe bestand darin, feste Unterkünfte zu errichten, die Straßen zu pflastern und für ausreichend Nahrungsmittel und Wasser zu sorgen. Man stelle sich die enorme Herausforderung vor: Wöchentlich trafen 11.000 neue Gefangene ein, im Schnitt also 1.500 pro Tag. Sie alle mussten registriert, untergebracht, bekleidet, ernährt und medizinisch versorgt werden. So wurden zum Beispiel in alten Backöfen, die von den Engländern zurückgelassen worden waren, täglich 8.000 Brote gebacken. Dafür wechselten sich drei Arbeitsgruppen à 55 Mann in Achtstundenschichten ab.

Insgesamt hatte das Lager von Juni 1944 bis zu seiner Aufhebung im Februar 1946 zwischen 80.000 und 100.000 deutsche Gefangene vorübergehend oder für die Dauer von bis zu 20 Monaten aufgenommen.

Die amerikanischen Bewacher und die deutschen Gefangenen wurden nach ihren Kompetenzen und Berufserfahrungen zur Mitarbeit herangezogen, und nach und nach entstand ein vorbildliches Lager. Da sich unter den Deutschen zum Beispiel erfahrene Berufsfeuerwehrleute befanden, errichteten diese eine Feuerwehrstation; einen LKW strichen sie mangels roter Farbe orange an. Aufgrund des enormen Bedarfs an allem, was zum Leben benötigt wurde, wurden Werkstätten gebaut für Schuhmacher, Schneider, Schmiede, Tischler, Mechaniker und Maler.

Zwei Theater entstanden, zunächst ein eher provisorisches aus Zelten mit 350 Sitzplätzen, Anfang Mai 1945 ein großes Theater mit allem, was es brauchte, inklusive Orchestergraben und 900 Sitzplätzen.

Mittlerweile war die Anzahl der jugendlichen Gefangenen auf 17.000 angewachsen. Was konnte man mit solch einer Anzahl junger Männer tun? Eine „University dedicated to the re-education of German Youth" (Universität, die der Umerziehung der deutschen Jugend gewidmet ist) wurde errichtet. Tatsächlich handelte es sich bei dieser Universität überwiegend um einen Open-Air-Standort, der Erdboden diente als Sitzgelegenheit, Zelttücher als Tische.

Ein jugendlicher Gefangener berichtete: „Eine Schulparzelle wurde in unserem Lagerviertel eingerichtet, die Amerikaner nannten sie ‚Universität'. In den Augen unserer Gefängniswärter waren wir große Nazis und mussten darum umerzogen werden. Das war sicher eine gute Absicht ihrerseits, obwohl wir früher darüber gelacht haben, denn als Soldaten hatten wir uns eine eigene Meinung über den Nationalsozialismus gebildet. ‚Nie wieder mit einer Partei zu tun haben', fasste so ziemlich alles zusammen." Er schätzte „die 40 antifaschistischen Amerikaner nicht, die in besonderer Mission gekommen waren, um sie in demokratischen Dingen zu unterrichten, da sie uns von Anfang an kaum beachteten". Andere hingegen schätzten den Unterricht von Lehrern, Priestern und Diakonen aus anderen Lagerparzellen. „Wir liebten den Unterricht, weil er uns ein wenig Leben in unseren so monotonen und traurigen Alltag brachte."[28] In der „Universität" wurden Kurse in Englisch, Französisch, Deutsch, Mathematik, Religion und Stenografie angeboten.

Dann wurden Eisenbahnschienen verlegt, um den Transport innerhalb des riesigen Lagers zu vereinfachen und zu beschleunigen. „Zum jetzigen Zeitpunkt kann man die Arbeit der deutschen Schreiner und Zimmerleute nur loben! Ständig setzten sie ihre Arbeit fort, wie aus der Produktionsübersicht zwischen April und August 1945 hervorgeht"[29], schreiben die Autoren des Buches über das Lager in Foucarville.

Sehr bald war eine Kirche für 500 Personen gebaut worden, in der abwechselnd katholische und evangelische Gottesdienste gefeiert wurden. Diese Kirche wurde aber schnell zu klein, und die deutschen Gefangenen bauten eine große imposante Holzkirche mit 1.200 Plätzen. Auch diese Kapazität reichte nicht, und so bauten die amerikanischen Bewacher im April 1945 ihre eigene Kirche, die „GI's Church", für die sogar ein Glockenspiel und eine Orgel konstruiert wurden, deren Pfeifen aus Patronenhülsen gefertigt worden waren. Alle amerikanischen Soldaten und deutschen Gefangenen bekamen die Möglichkeit, am Gottesdienst ihrer Konfession teilzunehmen. Major Nelson fuhr extra nach England, um dort Bibeln in englischer und deutscher Sprache zu besorgen.

Da für die christlichen Gottesdienste Hostien gebraucht wurden, erklärte sich der deutsche Gefangene Paul Stasius, von Beruf Bäcker, bereit, Hostien zu backen. Er experimentierte mit einem Teig aus Mehl, Butter und Zucker zur Freude der Mitgefangenen, die immer wieder die Versuche verkosten mussten oder besser durften, denn der Hunger war ein ständiger Begleiter der an kräftiges Essen gewohnten jungen Deutschen. Nach der Konstruktion einer Art Waffeleisen und einigem Experimentieren gelang es Paul Stasius, eine akzeptable Form von Hostien zu produzieren. Übrigens hat er nach seiner Rückkehr aus der Gefangenschaft 1949 in seiner Heimatstadt Mannheim die erste Hostienbäckerei Deutschlands außerhalb von Klöstern gegründet. Die Firma „Paul Stasius Opferbrote Mannheim" liefert bis heute Hostien in und weit über Deutschland hinaus.

Der regelmäßige Besuch der Gottesdienste, Angebote gemeinsamer Gebete und Diskussionen über unterschiedliche Themen taten vielen der Gefangenen gut. Da die Gottesdienste von Pfarrern aus dem eigenen Land gehalten wurden, die ebenfalls Gefangene waren, vermittelten sie ein Stück Heimat, das gemeinsame Beten und Diskutieren lenkte die Gedanken in andere Bahnen, vielleicht sogar in eine positive, zuversichtliche Richtung.

Außerhalb der Arbeit entwickelten die Kriegsgefangenen eine grenzenlose Fantasie, um die Zeit totzuschlagen. Die Amerikaner unterstützten sie darin und gaben ihnen die nötigen Mittel. Sport, Musik, Theater, Malerei, Bildhauerei und Kunsthandwerk füllten die freie Zeit aus. Einige beschäftigten sich mit Gesellschaftsspielen, die allerdings erst hergestellt werden mussten. Der Erfindungsreichtum beim Basteln von Schachbrettern, Schachfiguren und Skatkarten war groß. Das künstlerische Schaffen war ein gutes Ventil für die Gefangenen, denn ihre Konzentration und ihr Einfallsreichtum waren gefragt.

Am beeindruckendsten erschienen den Zeitzeugen aber die Theateraufführungen mit dem 25 Mann starken Symphonieorchester. Unter den Gefangenen waren mehrere renommierte Schauspieler und Musiker, die jetzt ihr Bestes gaben.

Sainte-Mère-Église' ehemaliger Bürgermeister Jean Quétier erzählt mir bei unserem Treffen im Sommer 2023: „Ein deutscher Kriegsgefangener baute eine Wiege für ein französisches Baby, ein anderer baute Geigen, eine Bratsche, ein Violoncello und eine Viola da Gamba. Hier beginnt die Wiederversöhnung. In den großen Krisen und Konflikten gibt es immer auch Geschichten von Menschlichkeit." Albert Kiefer, der junge Schreiner, der die Instrumente baute, erzählte später einem Journalisten: „Von der Außenwelt konnte ich nichts hereinbekommen. Ich war deshalb auf die einfachsten Arbeitsmittel und Werkstoffe angewiesen, die ich hier im Lager fand. Als Nutzholz mussten herumliegende Barackenbohlen und Zeltpflöcke dienen. Die Saiten wurden aus Telefon- und Kabeldrähten gesponnen, und von den Lagerpferden kamen die Haare für die Herstellung der Geigenbögen."[30]

Mithilfe selbst gebastelter Radios und durch mündliche Weitergabe erreichten Nachrichten von außen die Lagerinsassen. Ein Gefangener, der nicht namentlich genannt werden wollte, berichtete: „Wir erfuhren durch Mundpropaganda, dass zwei Atombomben mit extremen Auswirkungen über zwei japanischen Städten abgeworfen worden waren. … Wir erfuhren schließlich auch, dass der Krieg am 8. Mai '45 geendet hatte. Die Amerikaner und die Franzosen feierten den totalen Sieg über Nazi-Deutschland. Wir begrüßten dieses Ereignis mit gemischten Gefühlen. Wir standen vor der Ungewissheit: Wann würden wir befreit werden, was würde aus dem zerstörten und erschöpften Nachkriegsdeutschland werden?"[31]

Lieutenant-Colonel Warren J. Kennedy schrieb in einem undatierten Vorwort zur Geschichte des Lagers: „Es wäre müßig, so zu tun, als ob es einfach gewesen wäre. Dennoch haben wir nie den Glauben an den Erfolg unserer Mission verloren. Jetzt, Monate später, hat sich unser Vertrauen bestätigt.“[32]

„Warum all diese Bemühungen um ein ‚gutes Leben‘ in einem Kriegsgefangenenlager?“, habe ich Jean Quétier gefragt. Er antwortete: „Um eine Revolte dieser Übermacht von Kriegsgefangenen zu verhindern. Die Amerikaner wären einer Revolte von 60.000 kampferprobten Soldaten nicht Herr geworden. Ein weiterer Grund war der unbedingte Wille, gerade die jugendlichen Gefangenen zu einem Leben in Freiheit und Demokratie zu erziehen. Samenkörner des Friedens sollten gesät werden in die Köpfe und die Herzen der jungen Soldaten. Aus diesen Gründen hat Lieutenant-Colonel Warren J. Kennedy dieses umfangreiche Kulturprogramm geschaffen.“ Auch wenn einige der jugendlichen Gefangenen es nicht gern sahen: Sie mussten lernen, was es heißt, in einem freien, demokratischen Staat zu leben und sich in einem freien Europa zu integrieren. Denn die 15- bis 18-Jährigen von 1945 waren während der Zeit der Weimarer Republik geboren worden, aufgewachsen waren sie ab 1933 im totalitären Staatssystem des Nationalsozialismus. Eine funktionierende Demokratie hatten sie niemals kennenlernen können.

Anfang 1946 zogen sich die Amerikaner aus Frankreich zurück und überstellten die Kriegsgefangenen der amerikanischen Lager an die Franzosen. Sehr junge Gefangene und solche, die nicht „arbeitstauglich“ waren, wurden in ihre Heimat entlassen. Den übrigen wurde angeboten, ihren Status des Kriegsgefangenen aufzugeben zugunsten eines Status als „freier ziviler Arbeiter" in Frankreich. So sollte die Arbeitskraft Tausender Männer für den Wiederaufbau der zerstörten Städte erhalten bleiben. Circa 137.000 Gefangene nahmen das Angebot an und integrierten sich in die französische Gesellschaft, was auf Dauer zur Verbesserung des Verhältnisses der bis dahin verfeindeten Länder beitrug[33] und die Entwicklung der deutsch-französischen Freundschaft unterstützte.

Der Rückbau des Kriegsgefangenenlagers in Foucarville zog sich hin, während die Bewohner von Foucarville und Ravenoville ungeduldig darauf warteten, nach Jahren der Besatzung und des Krieges wieder in Frieden ihr Land bestellen zu können. Von Februar 1946 bis Dezember 1947 unterstand das verlassene Lager unterschiedlichen Administrationen.

Viele der Baracken wurden abgebaut und in den umliegenden Städten, die durch die Bombardierung der Alliierten zerstört worden waren, wieder aufgebaut. Irgendwann wurde dann alles, was im Lager noch zu finden war, der Bevölkerung zur Verfügung gestellt. Auf der 100 Hektar großen Fläche blieb nichts zurück. Und es breitete sich Schweigen aus über dem ehemaligen Kriegsgefangenenlager, bis ab den 90er-Jahren kleine Gruppen ehemaliger Kriegsgefangener zurückkehrten. Sie wurden von der Bevölkerung herzlich empfangen.

2016, zum 70. Jahrestag der Schließung des Lagers, wurde im Airborne Museum in Sainte-Mère-Église eine Ausstellung über das Leben im Kriegsgefangenenlager präsentiert, im Folgejahr wurde sie im Landungsmuseum am Utah Beach gezeigt. „Das Projekt des Lagers in Foucarville ist enorm wichtig", sagt Jean Quétier. „Wir sind an einem Wendepunkt, weil es bald keine Zeitzeugen mehr geben wird. Erinnerung ist nicht dasselbe wie Geschichte. Darum sind Gedenkstätten so wichtig. Und der Besuch der Gedenkstätten steigt an, er sinkt nicht mit der abnehmenden Zahl der Veteranen."

„Um Frieden zu haben, muss man ihn wollen,
man darf nicht ständig daran zweifeln."

(Aristide Briand, 1862 bis 1932)

Die Enkel der Soldaten und das dreisprachige Theater

2014 ist ein besonders Jahr während meiner Zeit in der Normandie – der 70. Gedenktag der Landung der Alliierten. Alle fünf Jahre wird dieser Gedenktag sehr groß gefeiert. Den Besuch des britischen Königshauses habe ich schon erwähnt. Unser Maison de la Paix möchte natürlich auch einen besonderen Beitrag leisten. Nahezu seit Beginn unseres Friedensprojektes träume ich davon, die Enkel der Soldaten einzuladen, die vor 70 Jahren gegeneinander gekämpft haben. Ja, nicht nur sie einzuladen, sondern mit ihnen Theater zu spielen – ein Theaterstück zum Thema „Frieden" mit Jugendlichen aus Frankreich, den USA und Deutschland. Gemeinsames Grenzen überwindendes Theaterspielen als ein deutliches Gegensymbol zu Krieg, Kampf und Zerstörung.

Unsere Ziele:

1. Die Enkel und Großenkel der Soldaten, die einst gegeneinander kämpften, einladen, miteinander zu spielen.

2. Jungen Leuten aus den drei betroffenen Ländern Frankreich, Deutschland und den USA ermöglichen, einen Beitrag zu leisten zur Aufarbeitung von Geschichte und zur Heilung der Wunden, die die jüngste Geschichte geschlagen hat.

3. Die Überzeugung weitergeben, dass der Friede nur erreicht werden kann, wenn alle zusammenarbeiten und gemeinsam in Richtung einer friedlichen und gerechten Zukunft gehen.

4. Zeigen, dass Kunst die Barrieren von Sprache und Ländergrenzen überwinden kann.

Wer könnte besser der Hoffnung Ausdruck geben, niemals wieder diese schwarzen Stunden des Krieges zu erleben, als Jugendliche aus drei Ländern, die sich noch vor wenigen Jahrzehnten im erbitterten Kampf gegeneinander befanden? Wer könnte besser mahnen, nicht zu vergessen, sondern immer wieder zu vermitteln, dass der Frieden zunächst im Herzen jedes Einzelnen zu pflegen und zu fördern ist, damit er zwischen den Nationen wachsen kann?

Wir sprechen Laurence Bohec an, eine junge Lehrerein am Collège Saint-Exupéry in Sainte-Mère-Église, die seit Jahren für Kinder und Jugendliche Theaterstücke schreibt und sie mit ihnen einübt und aufführt. Laurence sagt sofort zu, schreibt einen beeindruckenden Text und entwirft eine ebenso beeindruckende Dramaturgie. Schnell sind 16 französische Schülerinnen und Schüler aus ihrem Collège und einer Schule aus Carentan für das Theaterprojekt gefunden, 16 deutsche Schülerinnen und Schüler aus der Bergschule St. Elisabeth, Katholisches Gymnasium in Heilbad Heiligenstadt/Thüringen, sowie 16 amerikanische Schülerinnen und Schüler aus der Friends Academy und der Portledge School in Locust Valley/New York. Schon eine Zusammenarbeit von Vertretern dieser fünf Schulen mit ganz unterschiedlicher Trägerschaft ist ein lohnenswertes Unterfangen. Mit zwei staatlichen Schulen aus Frankreich, einer katholischen Schule aus Deutschland, einer Schule mit einem großen Anteil jüdischer Schülerinnen und Schüler und einer Quäkerschule aus den USA trifft sich eine bunte Mischung von Werten und Erziehungsidealen. Und wir merken: Es passt. Wir können und wollen die in den Schulen gelehrten und gelebten Werte selbst leben und weitergeben:

„Die Schulen tragen dazu bei, eine Kultur des Engagements und den Kampf gegen alle Formen der Diskriminierung zu vermitteln." (Wertevermittlung der französischen Schulen)

„Jeder Mensch ist ein Abbild Gottes. Damit wohnt jedem Mitglied unserer Schulgemeinschaft eine unveräußerliche Würde inne. Toleranz bildet die Grundlage unseres Miteinanders. Wir sind aufgeschlossen gegenüber religiösen Überzeugungen, weltanschaulichen und politischen Meinungen. Wertekonflikte halten wir aus und streben nach Kompromisslösungen. Die Grenze unserer Toleranz ist erreicht, wenn Humanität zerstört wird", bekennt die katholische Bergschule St. Elisabeth in Deutschland auf ihrer Homepage.

„Wir übernehmen Verantwortung für die Welt um uns herum durch Bildung, Wertschätzung und Service. Wir gehen Bildung mit dem Ziel an, zu dienen, damit wir unser Wissen und unsere Talente nutzen können, um den sozialen Wandel voranzutreiben und unsere Gemeinschaft und unsere Welt positiv zu beeinflussen", beschreibt die Friends Academy eines ihrer Ziele auf ihrer Homepage.

„Unsere Kinder sind Edelsteine. Wir helfen ihnen, zu glänzen", ist als grundlegendes Ziel der Homepage der Portledge School zu entnehmen.

Der Titel des dreisprachigen Theaterstücks lautet *Et si on bâtissait la paix ensemble? – And when we build Peace together? – Und wenn wir den Frieden gemeinsam bauen?*. Die Besonderheit dieses Spiels liegt darin, dass jede der einzelnen Nationalitäten ihre Sicht der Dinge ausspricht. Die Zuschauer empfinden mit, wie die Enkel versuchen, sich in die Position ihrer Großväter hineinzufinden und nach Antworten zu suchen.

Laurence fliegt nach Locust Valley (USA), der inoffiziellen Partnerstadt von Sainte-Mère-Église, und übt gemeinsam mit Tracey Foster und Kimo Kepano intensiv mit Schülerinnen und Schülern aus beiden Schulen. Tracey ist Regisseurin und Lehrerin an der Quäkerschule „Friends Academy", Kimo an der gleichen Schule Tänzer und Choreograf. Dann fährt Laurence nach Deutschland, um auch in Heiligenstadt die erste Phase des Einübens zu begleiten.

Ende Mai 2014 treffen sich die 48 jungen Leute und die sie begleitenden Lehrerinnen und Lehrer in der Normandie. Vom Maison de la Paix übernimmt Schwester Simone die Organisation der Finanzierung, Schwester Anne-Françoise die Verpflegung der Schülerinnen und Schüler samt der sie begleitenden Pädagogen und Künstlerinnen. Nach vier Tagen intensiven Übens mit Laurence Bohec, Tracey Foster und Kimo Kebano ist aus den drei Schülergruppen mit je unterschiedlicher Muttersprache eine einzige Theatercrew geworden. Die Französischlehrerin der Friends Academy Marge Foster sagt uns: „Unsere Schülerinnen und Schüler haben sich auf das Stück vorbereitet, aber vor allem auf die Gelegenheit, Freundschaften zu schließen und Ideen über die Welt, in der wir heute leben, auszutauschen, und sie können Teil einer neuen Vision sein, die auf Frieden aufbaut." Die künstlerische Leiterin Tracey Foster ergänzt: „Es wird großartig sein, diese Aufführung zu präsentieren, aber noch großartiger ist es, diese 48 Schülerinnen und Schüler zusammenzubringen und ihnen die Möglichkeit zu geben, einander zu verstehen, zusammenzuarbeiten, unsere unterschiedlichen Standpunkte und Perspektiven anzuerkennen und mit einer gemeinsamen Vision und einem gemeinsamen Ziel voranzukommen."

Eine Schülerin aus Deutschland erzählt nach ihrer Rückkehr, wie bewegend es für sie war, an den Orten Theater zu spielen, wo genau 70 Jahre früher die Landung der Alliierten stattgefunden hat. Und die Eltern eines Jugendlichen der Portledge School sagten während der Proben in Locust Valley, dass sie glücklich und stolz seien, dass ihr jüdischer Junge an der Seite deutscher Jungen und Mädchen Theater spielen dürfe.

Die Uraufführung findet im vollbesetzten Theater in Carentan statt, vier weitere Aufführungen folgen im Theater von Cherbourg, auf dem Place du 6 juin in Sainte-Mère-Église und am Utah Beach, genau da, wo die die Generation der Großeltern der jungen Schauspieler miteinander beziehungsweise gegeneinander gekämpft hatte.

Zu Beginn tragen alle Jugendlichen blaue Jeans und T-Shirts in den Farben ihrer jeweiligen Landesflagge. In der ersten Szene „In Erinnerung" erzählen sie sich von ihren Großvätern, den Deutschen, die hier gekämpft, den Franzosen, die hier ihr Land verteidigt, und den Amerikanern, die dieses Land befreit haben.

In der 2. Szene „Was ist Frieden?" zitieren sie Friedens-aussagen von Mahatma Gandhi (1869 bis 1948, indischer Pazifist und geistiger und politischer Anführer der indischen Unabhängigkeitsbewegung), Martin Luther King (1929 bis 1968, US-amerikanischer Baptistenpastor, Bürgerrechtler und einer der wichtigsten Vertreter im gewaltfreien Kampf gegen Unterdrückung und soziale Ungerechtigkeit), dem Dalai Lama (*1935, geistiges Oberhaupt Tibets und des tibetanischen Buddhismus), Nelson Mandela (1918 bis 2013, südafrikanischer Friedensnobelpreisträger und herausragender Vertreter im Freiheitskampf gegen Unterdrückung und soziale Ungerechtigkeit) und Bernard Lalande (1910 bis 1998, französischer Priester und Friedenstheologe). Sie wissen also – zumindest theoretisch –, was Frieden ist, müssen aber feststellen, dass es nicht so einfach ist, den Frieden auch zu leben.

In der 3. Szene „Der Frieden" unterhalten sie sich darüber, dass es einen Frieden gibt, der die Welt verändern kann. Und sie überlegen, ob sie sich entschließen könnten, sich zu verpflichten, Friedensstifter zu werden.

In der 4. Szene steht John Lennons Lied *Imagine* im Mittelpunkt. Die Jugendlichen deklamieren den Liedtext und entwickeln aus den Gedanken John Lennons ihre Version einer friedlichen Welt.

In Szene 5 „Schließen wir Frieden mit uns selbst!" gehen alle Jugendlichen hinter eine Trennwand, legen ihre Flaggen-T-Shirts ab und ziehen ein weißes T-Shirt über. Jetzt sind die drei unterschiedlichen Nationen nicht mehr zu erkennen. Hier zeigt sich, wie Kunst die Barrieren von Sprachen und Ländergrenzen überwinden kann.

In der letzten Szene „Gib dem Frieden eine Chance" erklingt immer wieder der Refrain des Anti-Kriegsliedes *Give peace a chance* von John Lennon. Dazu machen sich die jungen Leute bewusst, dass sie gar nicht so verschieden sind, dass sie keinen Hass aufeinander verspüren und dass sie ab jetzt Soldatinnen und Soldaten des Friedens sein wollen, um dem Frieden eine Chance zu geben, sich um sie herum und in der Welt zu verbreiten.

Die Jugendlichen der drei Nationen und die Zuschauer sind während und nach den Aufführungen gleichermaßen berührt von dem, was sie miteinander geschaffen haben. Und zwei, drei Jahre später treffen diese jungen Menschen sich in Deutschland und dann in den USA mit ihrem „Stück" Friedensarbeit wieder. Sie haben am eigenen Leib gespürt, was sie in der Normandie proklamiert haben. Sie haben genau da Friedensarbeit geleistet, wo ihre Großväter Krieg gegeneinander geführt haben. Sie sind zu Soldaten und Soldatinnen des Friedens und der Liebe geworden, damit zukünftige Generationen gemeinsam und in Frieden leben können.

Das dreisprachige, Nationen verbindende Theaterspiel *Und wenn wir den Frieden gemeinsam bauen?* zeigt deutlich, welch eine Kraft in der darstellenden Kunst liegt. Wie es künstlerisch-musischem Tun gelingen kann, auch tief verschlossene Gefühle ans Tageslicht zu bringen und aussprechbar zu machen und Erlebtes der vorangegangenen Generationen nach-erleben und somit besser verstehen zu können.

„Friedensarbeit hat zwei Aufgaben:
den bestehenden Frieden zu erhalten und
den verloren gegangenen Frieden wiederherzustellen. "

(Klaus Schäfer SAC)

Das Vergeben
und das Versöhnen

Eines Tages haben wir drei Schwestern des Maison de la Paix die große Chance, Magda Hollander-Lafon zu treffen. Der apostolische Karmel in Avranches, das Kloster, zu dem Schwester Anne-Françoise gehört, hat zu einem Vortrag dieser beeindruckenden Frau eingeladen. Wir kommen kaum nach, immer mehr Stühle in den Vortragssaal zu stellen, so viele interessierte Personen wollen hören, was sie zu sagen hat. Als Tochter einer jüdischen Familie 1927 in Ungarn geboren, wird Magda Hollander 1944 mit 16 Jahren zusammen mit ihrer Mutter und ihrer jüngeren Schwester ins Konzentrationslager Auschwitz-Birkenau deportiert. Ihr Vater ist zu diesem Zeitpunkt schon tot, von den Nazis ermordet. Im Saal herrscht atemlose Stille, als die über Achtzigjährige zu erzählen beginnt: „Als wir an der Rampe in Auschwitz ankamen,[34] haben einige Frauen mir zugeflüstert: ‚Sag, dass du 18 bist.' Als ich an der Reihe war, habe ich tatsächlich gesagt, dass ich 18 bin. Der SS-Arzt hat mich auf die eine Seite geschickt, meine Mutter und meine Schwester auf die andere Seite. Als ich abends in die Baracke kam, fand ich die beiden nicht. Da habe ich die Aufseherin nach ihnen gefragt. Sie sagte nichts, sie zeigte nur mit ausgestrecktem Arm auf den hohen Kamin des Krematoriums, den man durch das Barackenfenster sehen konnte."

Ohne Hass, ohne jegliche Bitterkeit erzählt Magda Hollander von dem, was sie in Auschwitz-Birkenau erlebt hat, von der Behandlung durch die Aufseher, von der unmenschlich harten Arbeit, dem Hunger und Durst. Und sie erzählt von Gesten der Liebe und Mitmenschlichkeit. Eine alte Frau, die weiß, dass sie das Lager nicht überleben wird, legt ihr eines Tages vier kleine Stücke Brot in die Hand und sagt: „Nimm, du bist jung, du musst leben. Du musst das alles hier bezeugen, damit es nie wieder geschieht, nirgendwo." Magda isst das Brot vor den Augen ihrer Mitgefangenen. Und sie überlebt. Später hat sie ein Buch geschrieben mit dem Titel *Quatres petits bouts de pain – Des ténèbres à la joie (Vier kleine Stücke Brot – von der Dunkelheit zum Licht)*. Der Titel der deutschen Ausgabe ihres Buches ist fast noch sprechender: *Vier Stückchen Brot: Eine Hymne an das Leben*.

Ein Buch über ein Konzentrationslager mit dem Titel *Eine Hymne an das Leben*, das klingt unerwartet, vielleicht sogar schockierend. Aber man sieht und hört dieser Frau an, dass sie das Leben liebt und mit ihrem Schicksal versöhnt ist. Sie sagt uns: „Wenn Menschen mich fragen, ob ich die Deutschen hasse, lautet meine Antwort: Es gibt einen großen Unterschied zwischen den Deutschen und den Nazis. Nicht alle Deutschen waren Nazis, genauso wenig wie alle Franzosen im Zweiten Weltkrieg mit der deutschen Besatzung kollaboriert haben. Einige meiner Enkelkinder lernen die deutsche Sprache in der Schule. Ich finde das wunderbar. Ich habe mich mit Deutschland versöhnt."

Magda Hollander-Lafon hat nicht vergessen, was geschehen ist. Im Gegenteil, sie sagt: „Mir ist bewusst, dass man sich das Geschehen in Auschwitz heute kaum noch vorstellen kann. Doch es ist wirklich passiert. Und das Wichtige: Wenn wir diese Realität leugnen, kann so etwas wieder passieren. Wir müssen wachsam bleiben. Auch heute gibt es Fanatismus und Hass in der ganzen Welt. Wir müssen Zeugen sein von dem, was wir erlebt haben, damit sich so etwas nie, nie, nie wiederholt."

Nach ihrem Vortrag gehe ich zögernd nach vorne. Im Vorfeld hatte ich Schwester Marie-Catherine als Veranstalterin des Vortrags gebeten, Magda Hollander-Lafon zu fragen, ob sie bereit sei, mit mir als Deutsche ein paar Worte zu wechseln. Als ich mich ihr vorstelle, sagt sie in herzlichem Ton: „Ich freue mich, mit Ihnen als Deutsche zu reden." Ich erinnere mich nicht mehr, worüber wir geredet haben. Aber sehr gut erinnere ich mich an ihr gütiges Gesicht, ihre zugewandte Art und ihren aufmerksamen, liebevollen Blick auf die Person, mit der sie gerade spricht – unabhängig von deren Herkunft. Tief beeindruckt kehren wir drei Schwestern nach diesem Abend zurück ins Maison de la Paix. Hier haben wir einen Moment des Friedens erlebt, eines inneren Friedens, der aus der Vergebung und der Versöhnung geboren ist.

Der katholische Theologe Otto Hermann Pesch erklärt sehr verständlich, was Vergeben heißt: „Einem Menschen vergeben, heißt nicht, das, was er getan hat, für ungeschehen zu erachten, nicht wahrhaben zu wollen oder schlicht zu vergessen. Vergeben kann unter Umständen bedeuten, gerade nicht zu vergessen. Vergeben heißt: Die Vergangenheit eines anderen keinen Einwand dagegen sein zu lassen, dass ich ihn annehme. Vergebung heißt nicht das Ja zu einer vergangenen Schuld, wohl aber das Ja zu einem Menschen mit seiner vergangenen Schuld."[35] Genau diese Haltung durften wir bei Magda Hollander-Lafon erfahren.

Nur so kann wohl Friede entstehen. Wir vergessen nicht, was wir einander angetan haben, aber wir sagen trotzdem Ja zueinander. Aber wie kann so etwas funktionieren? Wie können wir es in unserem Alltag schaffen, wirklich von Herzen zu vergeben? Die Luxemburger Kommission „Justice et Paix" des päpstlichen Werkes „Justitia et Pax" (Gerechtigkeit und Friede) hat im Jahr 2000 die Schrift *Verzeihen und Versprechen. Der Gerechtigkeit und dem Frieden eine Chance geben im dritten Jahrtausend* herausgegeben. Darin listet sie „10 Thesen zur Vergebung" auf:

1. Vergebung kann ein langer Prozess sein.
2. Vergebung ist nicht von einem Geständnis abhängig.
3. Vergebung erfordert keine übereinstimmende Auffassung von der Vergangenheit.
4. Vergebung bedeutet, von meinem natürlichen Recht auf Rache loszulassen, beziehungsweise: Vergebung ist die beste Rache ...
5. Vergebung bedeutet nicht vergessen.
6. Vergebung bedeutet, das Unrecht nicht immer wieder zur Sprache zu bringen.
7. Vergebung bedeutet nicht, das Verhalten einer anderen Person zu entschuldigen.

8. Vergebung bedarf vorab einer Entscheidung.
9. Vergebung bedeutet nicht unbedingt, erneut zu vertrauen.
10. Vergebung ist Voraussetzung für Neuanfang.[36]

Um an dieses Ziel zu gelangen, schlagen die Verfasser fünf Schritte im Prozess einer Vergebung vor.

Sie sind hier leicht gekürzt aufgelistet. Die Reihenfolge der fünf Schritte oder Phasen kann sich je nach der Situation ändern.

1. Um zur Vergebung zu kommen, ist es zuerst notwendig, dass ich mich entscheide, dem anderen zu vergeben. Ich muss den Mut aufbringen, mich meinen verletzten Gefühlen zu stellen, sie nicht mehr zu verdrängen, und ich muss bereit sein, es auszuhalten, die an mir vielleicht begangene Schuld präzise zu betrachten.

2. Es folgt das konkrete Hinsehen und Fühlen, wie ich die Schuld des anderen überhaupt an mir erlebt habe. [...] Vielleicht weist das Wahrnehmen meiner Gefühle mich aber auch darauf hin – und ich muss es dann von mir selbst akzeptieren –, dass ich noch nicht so weit bin, die zwischenmenschliche Herausforderung der Vergebung leisten zu können.

3. Den dritten Schritt stellt die eigentliche Vergebung dar. Sie verweist auf das in Vergessenheit geratene Wort Erbarmen. Hier biete ich meinem Schuldiger die Möglichkeit, in meiner Seele einen „Raum der Vergebung" (Daniel Heß) vorzufinden; d. h. ich biete meinem Kontrahenten meine innere Bereitschaft, meine bejahende Einstellung zur versöhnenden Vergebung an. [...]

4. Der vierte Schritt in der Vergebung beschreibt das Loslassen. Damit ist gemeint, den anderen von dem negativen Bild loszulösen, das ich aufgrund der mir zugefügten Verletzung von ihm habe. Dieses Bemühen umfasst auch das Loslassen vom Gefühl der Rache, die besonders anfangs so erleichternd erscheint. [...]

5. Zum fünften Schritt gehört, mich nun nicht mehr unfreiwillig und schmerzhaft rachedurstigen Plänen hinzugeben und mich nicht mehr immer wieder an das Erlittene zu erinnern. Stattdessen werde ich mit dem Bewusstsein der inneren Versöhntheit belohnt. Ich vermag die an mir schuldig gewordene Person wieder getrennt von ihrer Schuld zu sehen; die Schuld selbst spielt keine bestimmende Rolle mehr. Das in mir langsam aufkommende Gefühl von Freiheit und Frieden bedeutet auch, dass ich mich nicht mehr ängstige und unwohl im eventuellen Zusammensein fühle: Das Zukünftige kann entstehen."[37]

Menschen wie Magda Hollander-Lafon und viele andere beweisen, dass es machbar ist, zu vergeben und in Frieden zu leben. Es tut gut, diesen Menschen zu begegnen, es ist, als würde man ein wenig aufblühen in ihrer Gegenwart. Ich selbst erlebe genau das in meiner Zeit in Frankreich immer wieder.

2014 nehmen die jüdischen Gemeinden Frankreichs teil am „Chabbat mondial", eine Initiative aus Südafrika, die Synagogen an einem Sabbat für nicht jüdische Menschen zu öffnen. Wir fahren nach Caen im Departement Calvados, weil es in unserem Departement keine Synagoge gibt. Nach der Mitfeier des Gottesdienstes sind wir nicht jüdischen Besucherinnen und Besucher zum Mittagsimbiss eingeladen.

Die Tischgespräche entwickeln sich leicht in der offenen und herzlichen Atmosphäre. Ich halte mich zunächst zurück, denn ich fürchte, dass man meinen deutschen Akzent erkennen könnte. Aber dann fasse ich doch Mut und sage dem Rabbiner Mayer Malka, dass ich Deutsche bin. Er winkt ab und sagt: „Das ist 70 Jahre her."

Dies veranschaulicht echtes Versöhntsein mit dem, was geschehen ist. Dabei ist es nicht immer problemlos, als Juden in Frankreich zu leben, obwohl sich in Frankreich die größte Population jüdischer Menschen in ganz Europa findet. In meiner Mitarbeit im Verein „Amitié Judéo-Chrétienne de France" (Verein jüdisch-christliche Freundschaft Frankreichs) erfahre ich immer wieder, dass jüdische Mitbürger Angst haben, ihre religiöse Identität preiszugeben. Bei unseren Jahrestreffen sagt ein Arzt unseres Departements, dass niemand wisse, dass er Jude sei. Eine Frau erzählt mir während des Abendessens von ihrem Engagement in ihrer Stadt. Aber niemals erwähnt sie, dass sie Jüdin ist. Sie sagt: „Wenn die Leute wüssten, dass ich jüdisch bin, könnte ich all das, was ich tue, nicht mehr machen." Trotz dieser und mit diesen schmerzlichen Erfahrungen arbeiten wir versöhnt und in Frieden miteinander.

Vielleicht eine der schmerzlichsten Erfahrungen für mich selbst mache ich im Mai 2016. Auf Wunsch mehrerer Personen unserer Gegend habe ich 2014, 2015 und 2016 jeweils eine Pilgerfahrt nach Deutschland angeboten. Ich war erfreut über das Interesse an meinem Heimatland. Jedes Mal sind 40 Interessierte mitgefahren und haben unter anderem Köln, Berlin und die ehemalige innerdeutsche Grenze kennengelernt. Neben den vielen historischen und kulturellen Informationen und Entdeckungen waren die großen Brauhäuser in Köln mit deftigen

Mittagessen und Kölsch sowie die Cafés mit den typischen deutschen Sahnetorten die größten Highlights. Letztere standen bei allen drei Pilgerreisen ganz oben auf der Wunschliste.

2016 sollte die Fahrt uns auf die Spuren Edith Steins führen. Edith Stein, geboren 1891 in einer jüdischen Familie in Breslau, bekannte sich als Jugendliche zunächst zum Atheismus. Sie wurde Lehrerin, Philosophin und Frauenrechtlerin. 1922 ließ sie sich katholisch taufen und trat 1933 in den Orden des Karmel in Köln ein. Nach dem Novemberprogrom 1938 floh sie in den Karmel in Echt/Niederlande. Von dort wurde sie 1942 ins Konzentrationslager Auschwitz-Birkenau deportiert und ermordet.

Unsere Fahrt führt über Speyer, wo sie acht Jahre lang gewohnt und als Lehrerin gearbeitet hat, über Köln und Göttingen nach Breslau und Auschwitz, die Stätten ihrer Geburt und ihres gewaltsamen Todes. Am 1. Mai besuchen wir zunächst Krakau. Michel Riou, der schon zum zweiten Mal an einer Pilgerfahrt nach Deutschland teilnimmt, will mir eine Freude machen und schenkt mir einen kleinen Strauß Maiglöckchen. Nachmittags fahren wir nach Auschwitz und Birkenau. Während der Führung durch die ehemaligen Konzentrationslager lässt mich der Gedanke nicht los: „Das hat mein Volk getan." Wir gehen am Hungerbunker vorbei, in dem unter anderem der heilige Franziskanerpater Maximilian Kolbe freiwillig für einen Mithäftling gestorben ist. Wir sehen die Berge von Schuhen und abgeschnittenen Haaren der KZ-Häftlinge, das Krematorium und die sogenannte Judenrampe, an der die Neuankommenden nach Geschlecht und Überlebensfähigkeit selektiert wurden. Und immer wieder der Gedanke: „Das hat mein Volk getan."

Auf der Rückfahrt wird mir irgendwann bewusst, dass ich die ganze Zeit den kleinen Strauß Maiglöckchen dicht vor meinem Gesicht halte. Ich brauche die Schönheit der Blumen und ihren süßen Duft als Gegengewicht zum Geruch der Vernichtung und des Todes. Und ich denke an Menschen wie Rabbi Mayer Malka und an Personen wie Magda Hollander-Lafon und andere, die die Hölle der Konzentrationslager, die Ausgrenzung und Verfolgung überlebt haben und heute sagen: „Ich habe mich mit Deutschland versöhnt." Welch eine innere Größe, welch eine Seelenstärke!

Es kann keinen Frieden geben ohne Aussöhnung: nach einem Krieg die Versöhnung unter den Kriegsparteien. Nach einem Streit in einer Familie die Versöhnung der Familienmitglieder. Nach einem Kampf in mir selbst die Versöhnung mit meiner Geschichte und mit meinen Wunden. Auf der Rückfahrt von Auschwitz-Birkenau wird mir so klar wie selten zuvor: Auch wir Deutschen müssen uns aussöhnen mit unserer Geschichte. Nicht in dem Sinn, dass wir das, was geschehen ist, bagatellisieren. Sondern in dem Verständnis von Vergebung, die Otto Hermann Pesch definiert: Vergeben, ohne zu vergessen. Vergeben als Ja zu uns selbst mit unserer vergangenen Schuld.

Vergeben und gedenken, denn: „Die Vergangenheit ist nicht tot, sie ist nicht einmal vergangen. Gedenken ist etwas anderes als Erinnern. Sie ist mehr, sie ist Mahnen, Schmerz, Brückenbau in die Gegenwart", sagt Dr. Mehmet Daimagüler, der Antiziganismusbeauftragte der Bundesregierung, in der Gedenkveranstaltung zum 87. Jahrestag der Verschleppung der Berliner Sinti und Roma in das NS-Zwangslager Marzahn, an der ich teilnehmen konnte.

Im Kleinen kann das so gehen, wie es mir ein befreundeter Benediktinerpater erzählt: „Als ich klein war, habe ich in einem Wutanfall eine große Vase zerdeppert, die meiner Mutter viel bedeutete. Meine Mutter sammelte die Scherben ein und kittete sie sorgfältig zusammen. Dann sagte sie zu mir: ‚Junge, diese Vase ist jetzt noch wichtiger für uns. Denn wir beide haben eine Geschichte mit ihr.‘"

Spontan fällt mir ein Vers aus der Bibel ein, in dem der Schreiber die christliche Gemeinde in Kolossä auffordert: „Ertragt einander und vergebt einander, wenn einer dem anderen etwas vorzuwerfen hat! Wie der Herr euch vergeben hat, so vergebt auch ihr! Vor allem bekleidet euch mit der Liebe, die das Band der Vollkommenheit ist! Und der Friede Christi triumphiere in euren Herzen" (Kolosserbrief 3,13-15). Sich gegenseitig ertragen und einander vergeben, wie die Mutter das Fehlverhalten ihres Sohnes erträgt und es verzeiht: So kann Friede im Herzen entstehen, ja so kann Friede sogar triumphieren über so manche Enttäuschung, so manchen Ärger. Wenn die Bibel von „Frieden" spricht, meint sie nicht einfach nur die Abwesenheit von Krieg. Frieden bedeutet Glück, Gesundheit, Wohlergehen, ein gelingendes Leben. Sich den Frieden wünschen oder sich mit „Shalom", dem hebräischen Wort für „Frieden", begrüßen, heißt nichts anderes als: „Ich wünsche dir, dass es dir rundum gut geht, dass du Frieden im Herzen spürst, dass dein Leben gelingt, so wie du es dir wünschst."

„Friede ist nicht Abwesenheit von Krieg.
Friede ist eine Tugend, eine Geisteshaltung,
eine Neigung zu Güte, Vertrauen und Gerechtigkeit."
(Baruch de Spinoza, 1632 bis 1677)

Den Frieden lernen
und den Frieden leben

„Ist es möglich, Frieden und Versöhnung zu lernen? Ist es möglich, Gewalt und Machtausübung zu ver-lernen? Und wenn ja, was können wir da, wo wir leben, tun, damit die Welt um uns herum ein wenig friedlicher wird?" Diese Fragen habe ich im Sommer 2023 vielen meiner Freunde und Bekannten in Sainte-Mère-Église gestellt.

Marie-Bernard Seigneur, der Pfarrer des Ortes, ist überzeugt: „Die Erziehung zum Frieden ist unerlässlich. Überall wächst die Gewaltbereitschaft, selbst unter Kindern und Jugendlichen. Das ist in Frankreich nicht anders als in Deutschland. Ich habe alle katholischen Schulen unseres Departements eingeladen, einen Tag ins Maison de la Paix zu kommen. Christian Lutier und Odile Lacroix haben hervorragendes pädagogisches Material entwickelt. Es soll Kindern und Jugendlichen helfen, ihre Vorurteile abzubauen und Toleranz und Versöhnung einzuüben."

„Was uns Sorge macht, ist die Tatsache, dass mehr und mehr Krieg gespielt wird. Wie kann man angesichts der Flüchtlinge aus der Ukraine, die vor dem Krieg in unser Land flüchten, Krieg spielen? Was geht in den Menschen vor, die Krieg spielen? Und was geht in den Menschen vor, die vor dem Krieg geflohen sind und hier gespielte Kriege sehen?" Das fragen sich Henri Milet und Gonzague Chevalier und mit ihnen viele andere. Christian Lutier ergänzt: „Es gibt im Menschen den Wunsch, das Verlangen nach Macht. Es gibt die Versuchung, andere zu dominieren. Und es gibt die Faszination von Waffen und Krieg."

Annie Hébert sieht eine große Verantwortung in der Erziehung der Kinder. „Seht euch an, was Kinder um sich herum erleben und welcher Flut von Hassbotschaften und Kriegsspielen sie im Internet ausgesetzt sind. Es scheint, dass die Menschen immer aggressiver werden." Jean-Jacques fügt hinzu: „Als Gärtner sage ich, dass Friede wachsen kann, wenn Samenkörner des Friedens gesät werden. Dafür ist die Familie der erste und wohl auch wichtigste Ort. Es braucht so nötig ‚Gärtner', die Frieden säen, weil es so viele Menschen gibt, die Unfrieden säen. Und es braucht offene Herzen, die wie gute, fruchtbare Erde die Samenkörner des Friedens aufnehmen und wachsen lassen."

Jean Quétier ist skeptisch, was das Ver-Lernen von Gewalt und Unfrieden betrifft: „Ich glaube nicht, dass es möglich ist, wirklich den Frieden zu erlernen. Wir müssen uns nur die Herausforderungen ansehen, vor denen wir aktuell wieder stehen. Es bedarf ständiger Bemühung, die Werte zu bewahren, die das Zusammenleben unter den Menschen überhaupt erst möglich machen. Und die Rolle der Religionen in unseren Gesellschaften müsste klarer sein. Es ist doch auch Aufgabe der Religionen, sich für den Frieden einzusetzen. Es wäre ein klares, unübersehbares Signal, wenn die unterschiedlichen Religionen mit einer Stimme sprächen und einheitliche Friedensbotschaften senden würden."

Hier in Sainte-Mère-Église bemühen sich viele Menschen um Völkerverständigung, Frieden und Versöhnung. Ein markantes Beispiel ist der jährliche Internationale Friedensmarsch von ungefähr 20 Kilometern Länge. Organisiert wird er von der Pfarrgemeinde. Der Marsch endet immer in Sainte-Mère-Église mit einem ökumenischen Gottesdienst und gemütlichem kulinarischen Ausklang.

Der erste Friedensmarsch fand 2006 statt. Seit 2009 eröffnet er die Gedenkwoche der Landung der Alliierten, 600 bis 700 Menschen marschieren jedes Jahr mit für den Frieden an diesem historischen Ort. Ich hatte Ende Mai 2012 zum ersten Mal die Gelegenheit, teilzunehmen. Der damalige Pfarrer der Kirche Notre Dame de la Paix, Philippe Léonard, sagte in der Ankündigung des Marsches: „An geschichtsträchtigen Orten, am Vorabend der Gedenkwoche der Landung in der Normandie, geht es darum, den Frieden zu feiern, ein kostbares Gut, das zerbrechlich bleibt. In einer entspannten Atmosphäre soll die Wanderung allen einen Moment der Freundschaft und Geselligkeit in einem Naturraum vermitteln, dessen Schönheit uns daran erinnert wird, dass die Achtung der Schöpfung auch eine der wichtigsten Herausforderungen für den Erhalt des Friedens ist."

Initiatorin des Internationalen Friedensmarsches war Anne-Marie Lenoël, eine betagte Dame aus dem Dorf, die jahrzehntelang in Tunesien gelebt und gearbeitet hatte. Ihr Ziel war es: „Einen grenzen-losen Frieden zwischen Menschen zu feiern in einer Welt, in der das Echo des Krieges alltäglich ist."

> *„Wir werden zusammen gehen ... Seite an Seite,*
> *Uns die Hände schüttelnd ... Warum nicht,*
> *Uns anlächelnd ... Vielleicht,*
> *Uns auf dem schmalen Weg behindernd ... Und wenn schon?*
> *Wir gehen zusammen!*
> *... Und doch habe ich dich noch nie gesehen!*
> *... Du bist nicht von hier!*
> *... Du sprichst nicht dieselbe Sprache wie ich!*
> *... Dein Gang ist ziemlich anders als meiner!*
> *... Aber oh! Bin ich die Referenz? Seit wann?*
> *... Blättern wir die Seite um ... Wir gehen gemeinsam.*
> *Weil wir tief in unserem Herzen dieselbe Gewissheit haben,*
> *wir sind Geschwister in der Menschheit, und das gemeinsam,*
> *dass wir es wagen, an den Frieden zu glauben,*
> *dass wir den Frieden aufbauen."*
>
> *Anne-Marie Lenoël,*
> *Initiatorin des Friedensmarsches*[38]

Und Henri Milet, Bürgermeister der Gemeinde am Utah Beach, schreibt: „Frieden – Toleranz – andere zu akzeptieren, sie zu respektieren, zuzulassen und zu ertragen sind Haltungen, die es erfordern, sich anzustrengen, sich selbst zu überwinden, andere mit ihren Unterschiedlichkeiten zu kennen und zu akzeptieren, andere so anzuschauen, wie ich angeschaut werden möchte. Wenn die Toleranz in unserem

Alltag gelebt wird, wird sie zu einer Haltung und somit zu einer ständigen Suche nach dem Guten, das uns zum Frieden führt."[39]

Als Resümee nach dem Samstag des Marsches schreibt Pfarrer Philippe Léonard: „Der Internationale Marsch 2012 fand am 26. Mai statt. Das diesjährige Thema lautete ,Frieden und Toleranz'. In einer Botschaft anlässlich einer internationalen Konferenz über Frieden und Toleranz schrieb Papst Benedikt XVI. im November 2005: ,Die Themen Frieden und Toleranz sind von entscheidender Bedeutung in einer Welt, in der starre Haltungen so oft Missverständnisse und Leid hervorrufen, die sogar zu tödlicher Gewalt führen können. Der Dialog ist zweifellos unerlässlich, um Lösungen für die schädlichen Konflikte und Spannungen zu finden, die der Gesellschaft so viel Schaden zufügen. Nur durch den Dialog können wir hoffen, dass die Welt zu einem Ort des Friedens und der Brüderlichkeit wird.' Der Dialog ist in der Tat die unabdingbare Voraussetzung für die Sicherung des Friedens unter den Menschen. Der Dialog setzt Partner voraus, die nicht unbedingt die gleichen Vorstellungen haben, sich aber gegenseitig respektieren. Der Dialog erfordert, dass man dem anderen zuhört. Man muss ihn kennenlernen. Ist der internationale Friedensmarsch nicht eine großartige Gelegenheit für Begegnungen und Austausch zwischen Menschen mit unterschiedlichen Hintergründen? Es geht nicht so sehr darum, über das Thema Frieden und Toleranz zu diskutieren, sondern vielmehr darum, in Gesprächen echte und fruchtbare Dialoge zwischen Menschen mit unterschiedlichen Sensibilitäten und Überzeugungen zu erleben."[40]

Im Mai 2023 führt der „Marche internationale pour la Paix" von Picauville über Orglandes nach Sainte-Mère-Église.

Ein Höhepunkt ist die Station auf dem Deutschen Soldatenfriedhof Orglandes. Mehr als 10.100 im Zweiten Weltkrieg gefallene Soldaten haben hier ihre Ruhestätte gefunden, die beiden jüngsten waren 15 Jahre alt. Alle Teilnehmerinnen und Teilnehmer sind eingeladen, eines der Gräber zu besuchen und auf dem weiteren Weg für den entsprechenden gefallenen Soldaten zu beten. „Es war ein großes Zeichen der Solidarität und Versöhnung", erzählte Pfarrer Marie Bernard Seigneur.

Christian Lutier, Präsident der „Freunde des Maison de la Paix" und pensionierter Lehrer, betont immer wieder: „Frieden und Versöhnung brauchen symbolische und starke Momente. Sobald man einen anderen wirklich kennt, kann man nicht mehr gegen ihn kämpfen. Man muss sich bemühen, dem anderen entgegenzugehen: Wage es, auf andere zuzugehen, wage es, andere anzusehen, ihnen zuzuhören, mit ihnen zu leben. Dann entdeckst du den Wert des anderen, und du wirst selbst bereichert. Du gibst und du empfängst. Geh auf andere zu mit einem offenen Herzen und mit leeren Händen. Um auf andere zuzugehen und andere in ihrer Kultur zu verstehen, muss man wissen, woher man selbst kommt. Toleranz und die Kenntnis des anderen helfen, Vorurteile zu minimieren. Menschen sind manchmal in ihren Überzeugungen eingeschlossen. All das wollen und müssen wir den Kindern und Jugendlichen nahebringen. Darum haben wir diese Materialien entwickelt, von denen Marie-Bernhard spricht. Dabei haben wir uns auf die Ideen und das pädagogische Material der Schweizer NGO ‚Graines de Paix' (Körner des Friedens) gestützt. Diese Organisation hat sich seit ihrer Gründung 2005 auf Friedenserziehung, Friedenskultur und interkulturelles Verständnis spezialisiert und organisiert Schulungen, Workshops und Aktivitäten für Lehr- und Fachkräfte."

Christian weiß, wovon er redet. Er hat fünf Jahre in Gabun und sieben Jahre in Guadeloupe in Orten gelebt, in denen er der einzige Weiße war. Er lebte auf Augenhöhe mit den Menschen dort, und er war akzeptiert als einer der ihren. In Sainte-Mère-Église hat er mit seinen Schülerinnen und Schülern des 2. Schuljahres ein Friedensgedicht geschrieben: *Imagine – La Paix*[41].

Stell dir vor, es ist Frieden
Stell dir eine Welt ohne Streit vor
Stell dir eine Welt ohne Weinen vor
Stell dir eine geeinte Welt vor
Stell dir eine freundschaftliche Welt vor
Bring also mehr Gerechtigkeit
Vermeide so alles, was künstlich ist
Schütze also die Natur
Bewahre so die Zukunft
Respektiere also deinen Nächsten
Reiche ihm so die Hand
Stell dir also eine Welt der Freude vor
Stell dir so eine Welt des Glaubens vor
Stell dir also eine Welt der Lieder vor
Stell dir so eine Welt der Kinder vor
Stell dir ... den Frieden vor!

Benoit Lacroix, der zusammen mit seiner Frau Odile von Anfang an zu unseren Freunden und Unterstützern gehört, ergänzt: „Friede ist immer ein Kampf gegen sich selbst. Frieden ist nichts Natürliches, nichts, das uns in die Wiege gelegt ist. Kinder lernen von selbst Fertigkeiten wie Essen, Trinken, Sprechen, Laufen. Aber sie lernen nicht automatisch den Frieden. Der Friede will empfangen werden. Er ist eine Gabe. Als gläubige Menschen sagen wir, er ist ein Geschenk Gottes. Wir müssen unser Herz und unseren Verstand öffnen für diese Gabe. Vielleicht ist es besser zu sagen: ‚Wir wollen uns täglich neu dem Frieden nähern' anstatt zu sagen ‚Wir wollen Frieden schaffen'. Es braucht eine gemeinsame Disziplin, um sich auf Augenhöhe zu begegnen, wie man heute so häufig sagt. Es braucht innere Disziplin, um einander zuzuhören, sich gegenseitig ausreden zu lassen und andere Meinungen zu akzeptieren." Wenn man mit Benoit zu tun hat, spürt man etwas von dem Frieden, der in ihm lebt. Sein innerer Frieden färbt immer ein wenig ab, geht sozusagen von ihm auf andere über.

Um einen solchen inneren Frieden hat sich auch Patriarch Athenagoras bemüht, der von 1948 bis 1972 oberster Bischof der orthodoxen Kirche von Konstantinopel war. 1965 ging er nach der tausendjährigen Trennung der orthodoxen und römisch-katholischen Kirche gemeinsam mit dem damaligen Papst Paul VI. erste Schritte zu Wiederannäherung der beiden Kirchen. Athenagoras beschreibt sein Ringen um eine friedliche und gewaltfreie Grundhaltung in allen Dingen und Lebensbereichen so:

Man muss es schaffen, sich zu entwaffnen.
Man muss den härtesten Krieg gegen sich selbst führen.
Man muss es schaffen, sich selbst zu entwaffnen.
Ich habe diesen Krieg viele Jahre lang geführt, er war schrecklich.

Aber ich bin entwaffnet.

Ich habe vor nichts mehr Angst, denn die Liebe vertreibt die Angst.

Ich bin entwaffnet von dem Wunsch, Recht zu haben,
mich zu rechtfertigen, indem ich andere disqualifiziere.

Ich bin nicht mehr auf der Hut, eifersüchtig auf meinen eigenen Wohlstand fixiert.

Ich empfange und teile.

Ich hänge nicht besonders an meinen Ideen und Projekten.

Wenn man mir bessere vorlegt,
oder vielmehr nicht bessere, sondern gute, dann nehme ich sie ohne Bedauern an.

Ich habe auf Vergleiche verzichtet.

Das, was gut, wahr und richtig ist, ist für mich immer das Beste.

Deshalb habe ich keine Angst mehr. Wenn man nichts mehr hat, hat man auch keine Angst mehr.

Wenn man sich entwaffnet, wenn man sich enteignet,
wenn man sich dem Gott-Menschen öffnet, der alles neu macht,

dann löscht Er die schlechte Vergangenheit aus
und schenkt uns eine neue Zeit, in der alles möglich ist.[42]

Es ist eine schöne Vorstellung, sich selbst zu entwaffnen. Sicher läuft keiner von uns mit einem Messer durch die Straßen, um andere zu attackieren. Aber wie oft passiert es uns, unsere Mitmenschen durch Worte oder Blicke zu verletzen. Nicht immer absichtlich, oft eher fahrlässig als vorsätzlich. Aber eine Wunde bleibt zurück. Schon im Alten Testament ist zu lesen: „Mancher Leute Gerede verletzt wie Schwertstiche, die Zunge der Weisen bringt Heilung" (Buch der Sprich-wörter 12,18). Und ein Psalm rät: „Bewahre deine Zunge vor Bösem; deine Lippen vor falscher Rede!" (Psalm 34,14).

Ein Trost ist: Man kann es lernen, seine Waffen der Zunge, der Blicke und der Hände zu entschärfen und damit Schritt für Schritt unbrauchbar zu machen. Es ist anstrengend und kostet viel Selbstdisziplin. Aber möglich ist es.

Auf der Homepage von *Graines de Paix*, die Odile und Christian für ihre friedenspädagogische Arbeit nutzen, heißt es: „Frieden lernt man auch durch Zusammenarbeit. Koope-ration stärkt die Beziehungen zwischen den Menschen durch eine einfache Botschaft: Gemeinsam sind wir stärker! Wenn Kooperation die Grundlage unseres Verhaltens auf allen Ebe-nen wäre – in der Familie, unter Freunden, in Gemeinschaf-ten und zwischen Staaten –, würde die Menschheit einen großen Schritt in Richtung Weltfrieden machen! ‚Frieden ist nicht nur die Abwesenheit von Gewalt. Es geht vielmehr da-rum, Verständnis, eine tiefe Sicht der Dinge und Mitgefühl zu kultivieren, gepaart mit gerechtem Handeln. Frieden ist die Praxis der tiefen Einsicht, der ständigen Aufmerksamkeit für unsere Gedanken, unsere Handlungen und deren Folgen' (Thich Nhat Hanh)."[43]

Diese Überzeugung teilt auch Marcelle Liot, eine treue Beterin und Begleiterin der Aktivitäten des Maison de la Paix: „Wir müssen jeden Tag neu die kleinen Samenkörner des Friedens und der Versöhnung säen, jeden Tag neu auf-merksam sein für die kleinen Zeichen des Friedens. Die Bibel sagt uns: ‚Es begegnen einander Huld und Treue; Gerechtig-keit und Friede küssen sich' (Psalm 85,11). Es ist an uns, alles dafür zu tun, dass diese Vision Wirklichkeit wird."

Und Gonzagues Ehefrau Lucie Chevalier zitiert Félix Houphouët-Boigny, den ehemaligen Präsidenten ihres Heimatlandes Elfenbeinküste: „Friede ist kein Wort, sondern ein Verhalten."

Oft sind solch prägnante Aussagen hilfreicher als lange Beschreibungen. Sie prägen sich leichter ein und können, wenn man sie dann und wann wiederholt, vom Kopf ins Herz sickern. So heißt es in der Bibel zum Beispiel:

„Meide das Böse und tu das Gute, suche Frieden und jage ihm nach!" (Psalm 34,15)

„Selig, die Frieden stiften; denn sie werden Kinder Gottes genannt werden." (Matthäusevangelium 5,9)

„Soweit es euch möglich ist, haltet mit allen Menschen Frieden!" (Römerbrief 12,18)

Es kann gelingen, den Frieden zu lernen. Wohl nicht den allumfassenden Weltfrieden. Aber den kleinen Frieden im eigenen Herzen, im eigenen Haus, im eigenen Alltag. Das ist schon viel. Der Beweis: Viele von uns kennen die eine oder andere Person, die einen solchen Frieden ausstrahlt. Eine Person, in deren Nähe man sich wohlfühlt, in deren Gegenwart man den Eindruck hat, dass die eigenen Sorgen für einen Moment leichter werden, in deren Umgebung sich so etwas wie Ruhe und Frieden ausbreitet.

Ein solcher Mensch war Johannes XXIII., Papst von 1958 bis 1963. Er hat um seine Grenzen gewusst und sich nicht vorgenommen, ein perfektes Oberhaupt von rund einer Milliarde Katholiken zu werden, als er zum Papst gewählt worden war. Er stellte sich vielmehr für jeden Tag kleine, überschaubare und umsetzbare Vorsätze. Sie sind nicht spezifisch christlich, nur der fünfte und der letzte Vorsatz nehmen Bezug auf Gott. Papst Johannes XXIII. nannte seine Vorsätze „Dekalog der Gelassenheit". Dieser Dekalog, wörtlich übersetzt „zehn Worte", ist bis heute in aller Welt bekannt, wohl weil seine Maximen den überschaubaren Zeitraum von einem einzigen Tag betreffen und weil sie einsichtig und leb-bar sind:

1. Leben
Nur für heute werde ich mich bemühen, den Tag zu erleben, ohne alle Probleme meines Lebens auf einmal lösen zu wollen.

2. Sorgfalt
Nur für heute werde ich mit größter Sorgfalt auf mein Auftreten achten. Ich werde niemanden kritisieren, werde nicht danach streben, die anderen zu korrigieren oder zu verbessern. Nur mich selbst.

3. Glück
Nur für heute werde ich in der Gewissheit glücklich sein, dass ich für das Glück geschaffen bin – nicht nur in der anderen Welt, sondern auch schon in dieser.

4. Realismus
Nur für heute werde ich mich an die Umstände anpassen, ohne zu verlangen, dass sich die Umstände an meine Wünsche anpassen.

5. Hören
Nur für heute werde ich zehn Minuten meiner Zeit der Stille widmen und Gott zuhören. Wie die Nahrung für das Leben des Leibes notwendig ist, so ist das Horchen auf Gott in der Stille notwendig für das Leben der Seele.

6. Handeln

Nur für heute werde ich eine gute Tat vollbringen. Und ich werde sie niemandem erzählen.

7. Überwinden

Nur für heute werde ich etwas tun, wozu ich keine Lust habe. Sollte ich mich in meinen Gedanken verletzt fühlen, werde ich dafür sorgen, dass es niemand merkt.

8. Planen

Nur für heute will ich mir ein genaues Programm vornehmen. Auch wenn ich mich nicht daran halten werde – ich werde den Tag planen. Ich werde mich besonders vor zwei Übeln hüten: vor der Hetze und vor der Unentschlossenheit.

9. Mut

Nur für heute will ich keine Angst haben. Ganz besonders nicht davor, mich an allem zu freuen, was schön ist – und an die Liebe zu glauben.

10. Vertrauen

Nur für heute werde ich fest daran glauben – selbst wenn die Umstände das Gegenteil zeigen sollten –, dass die gütige Vorsehung Gottes sich um mich kümmert, als gäbe es sonst niemanden auf der Welt. [44]

Gedanken des Friedens aus den Weltreligionen

Wie kann es gelingen, zu einer globalen Kultur des friedlichen Respekts zu finden? Wenn wir das schon mehrfach zitierte Gedicht Mahatma Gandhis auf seine Kernaussage reduzieren wollen, genügen die erste und letzte Zeile. Sie verbinden die globale mit der individuellen Aufgabe, Frieden zu schaffen:

„Wenn du Frieden in der Welt willst, […] braucht es Frieden in deinem Herzen."

Die Traditionen aller Religionen wissen um die Macht von Gebeten, guten Gedanken und Überzeugungen. Alle Religionen beten und engagieren sich für den Frieden. Wir glauben, dass Frieden nicht nur menschengemacht ist, sondern ein wertvolles Geschenk ist, das Gott unserer Welt gemacht hat. Da Gott uns unterschiedlich geschaffen hat – jeder Mensch ist einzigartig –, sind unsere Beziehungen zu Gott unterschiedlich, unsere Gebete um Frieden ebenfalls.

Die folgenden Gebete aus den großen Religionen der Welt können einladen, selbst um Frieden zu beten oder Gedanken des Friedens in das persönliche Umfeld und in die Welt zu senden.

Im Alten Testament, dem Teil der Bibel, der Juden und Christen gemeinsam ist, lässt Gott sein Volk segnen und ihm den Frieden zusprechen.

Der HERR sprach zu Mose: Sag zu Aaron und seinen Söhnen: So sollt ihr die Israeliten segnen; sprecht zu ihnen: Der HERR segne dich und behüte dich. Der HERR lasse sein Angesicht über dich leuchten und sei dir gnädig. Der HERR wende sein Angesicht dir zu und schenke dir Frieden. So sollen sie meinen Namen auf die Israeliten legen und ich werde sie segnen. (Buch Numeri 6,22-27)

Das ausgewählte Gebet aus dem Christentum bittet um Frieden für die Welt und um die Kraft, selbst etwas zum Frieden beizutragen.

Gebet für ein Ende von Gewalt und für Frieden:

Du gütiger, barmherziger und liebender Gott und Vater,
als deine Kinder und in verschiedenen Religionen beten wir Menschen zu dir.
Du hast uns aufgegeben, so zu leben und zusammenzuarbeiten, dass dein Reich auf unsere Erde komme.
Mache uns zum Werkzeug deines Friedens, indem wir zum Wohle aller zusammenwirken.
Säe aus in uns deine Liebe zu allen Menschen.

Nimm den Geist der Spaltung von uns und schenke uns Einigkeit in deiner Liebe.

Nimm die Dunkelheit des Hasses und den Geist der Feindseligkeit von uns fort.

Schaffe in uns Verständnis und gegenseitigen Respekt, ungeachtet der Unterschiede zwischen uns Menschen, Völkern und Religionen.

Lass dein göttliches Licht in unserem Leben sichtbar sein, wie auch im Leben aller, denen wir begegnen.

Wecke in meinem Herzen ein neues Gefühl der Ehrfurcht vor allem Leben.

Gib mir Einsicht, in jedem Menschen die Spuren deiner Göttlichkeit zu erkennen,

wie auch immer er sich mir gegenüber verhalten mag.

Mache das Unmögliche möglich und lass mich meinen Teil dazu beitragen,

den Kreislauf der Gewalt zu durchbrechen, weil ich erkenne,

dass Frieden mit mir beginnt.

Gott!, zeige uns die Wahrheit und nichts als die Wahrheit.

Gib uns Mut, ihr zu folgen. Amen.[45]

Jüdische Gläubige sprechen aus Ehrfurcht das Wort „Gott" nicht aus. Zunehmend wird es in geschriebener Form leicht verändert wie „G-tt" oder „G'tt".

Ein jüdisches Gebet um Frieden:

Möge es Dein Wille sein, Ewiger, unser G-tt und G-tt unserer Väter, dass Du Kriege und Blutvergießen von der Welt nimmst und großen, wunderbaren Frieden über die Welt bringst. „Möge kein Volk gegen ein anderes das Schwert er-

*heben, noch Krieg weiterhin lernen" (Jeschaja 2,4), nur
mögen alle Bewohner der Erde die Wahrheit erkennen und
wissen, dass wir nicht auf diese Welt kamen, um zu streiten
und zu kriegen, und nicht um Hass, Neides, Ärgers und
Blutvergießens willens, G-tt behüte, nur sind wir hier, um
Dich zu erkennen und anzuerkennen, ewig Gesegneter.
Möge der Vers in Erfüllung gehen: „Und Ich bringe Frieden
über die Erde, auf dass ihr euch schlafenlegt und euch keiner aufschreckt, und schaffe wilde Tiere weg aus dem Land,
und kein Schwert gehe durch euer Land" (3. Buch Moses
26,6).* [46]

Dr. Ahmed Arslan, der ehrenamtliche Dialogbeauftragte der
muslimischen Gemeinde der sauerländischen Stadt Meschede, hat mir das folgende Gebet des Islam geschickt. Es ist
angelehnt an eine Prophetenaussage (Hadith) aus der Ha-
dithsammlung Müslim, Mesâcid 135 (591). Er schreibt er-
klärend: „Das Wort ‚Islam' hat einen ausschließenden und
einen einschließenden Aspekt. Der ausschließende Aspekt:
Keine andere Wesenheit als der EINE Gott darf als Gott-
heit verehrt werden. Der einschließende Aspekt ist geprägt
von der großen Ehrfurcht vor Gott. Anbetung und Vereh-
rung gelten allein ihm als Schöpfer und Erhalter von Himmel
und Erde. Somit ist mit Islam die unmittelbare Beziehung des
Menschen zu dem einzigen Gott gemeint. Aufgabe des Menschen ist es, seiner ursprünglichen und natürlichen Bestimmung gerecht zu werden. Im Hinblick auf das ausgewählte
Bittgebet ist es die Aufgabe jedes Menschen, im diesseitigen
Leben die Nähe Gottes beziehungsweise die Quelle des Friedens zu suchen."

Ein muslimisches Gebet um Frieden:

O Allah, du bist der Friede und von dir kommt der Friede.
Belebe uns durch deinen Frieden und führe uns in die Stätte
des Friedens.
Segensreich bist du, Herr der Majestät und Gnade.
Amin.

Bodhimitra, der Leiter des buddhistischen Zentrums in Arnsberg, hat mir folgenden Text geschickt und dazu geschrieben:
„Dieser Text kommt vom Buddha selbst und ist mehr als
2500 Jahre alt!" Karaniya mettå Sutta:[47]

Dies soll ein Mensch tun, der erkannt hat, was zum Guten
führt,
Und der begriffen hat, was „Ort des Friedens" heißt:
Kraftvoll und aufrecht sei er, wahrhaft ehrlich,
Sein Ton sei sanft, im Umgang sei er rücksichtsvoll und mild
Und frei von jedem hohlen Dünkel eines Selbst.
Zufrieden sei er, unschwer zu erhalten,
Nicht viel geschäftig und bedürfnislos,
Mit stillen Sinnen, wach und klug,
Auf allen Wegen anspruchslos, ganz ohne Dreistigkeit,
Und frei von weltlichem Begehren. So soll er alles unterlas-
sen —
Selbst das Geringste —, wofür ihn andere dann,
Die weiser sind als er, zu tadeln hätten.
(Er wünsche:) „Mögen alle Lebewesen, ausnahmslos —
Die starken, schwachen, großen, mittleren und kleinen,

Von feiner oder grober Form, dem Auge sichtbar oder un-
sichtbar,
Die Wesen nahebei und weit entfernte,
Geborene und nicht geborene – die Wesen alle:
Sie alle mögen glücklich sein. – Und keiner soll den andern
hintergehen,
In irgendeinem Sinn verächtlich von ihm denken.
(Noch möge jemand einem andern
Aus Ärger oder Feindschaft Böses wünschen.)
Wie eine Mutter bis zum letzten Atemzug
Ihr Kind, ihr einzig' Kind, mit ihrem Leben schützt,
So möge solch ein Mensch nun Geist und Herz
Für alle Wesen ausnahmslos entfalten.
Ja, Liebe soll er üben, Güte für die ganze Welt,
Nach oben, unten, vorne, hinten, jede Richtung,
Von Hass und Feindschaft frei, ein Herz der grenzenlosen
Liebe.
Ob stehend, gehend, sitzend oder liegend,
Ist er nur wach, dann soll er diese Achtsamkeit
Der unbegrenzten Liebe fest begründen.
Sie ist es, was die Menschen „Göttliches Verweilen" nennen.
So wird ein Mensch, der falsche Ansicht weit zurücklässt,
Indem er ethisch lebt, direkte Wahrheitsschau erlangen
Und alle Gier nach Sinnestaumel überwinden.
Fürwahr – er wird nie mehr aus einem Schoß geboren werden.

Die hinduistische und buddhistische Tradition kennt zahlreiche Mantren. Ein Mantra ist eine heilige Silbe, ein heili-
ges Wort oder ein heiliger Vers. Das Mantra wird sprechend,
flüsternd, singend oder in Gedanken rezitiert, oft wird es

108 Mal wiederholt. Das indische Mangala-Mantra „Lokah Samstah Sukhino Bhavantu" ist ein friedensbringendes Segensmantra, das aus dem Sanskrit überliefert wurde. Es bedeutet: „Mögen alle Wesen Glück und Harmonie erfahren."[48]

Das sogenannte „Gebet der Vereinten Nationen" ist 1942 geschrieben als Gebet um Freiheit. Es bittet gleichermaßen um Frieden und Gerechtigkeit. Im katholischen Gebet- und Gesangbuch *Gotteslob* ist ein Auszug als „Gebet um Verantwortung für die Welt" abgedruckt (Nr. 20,1).

Gott der Freien, wir verpflichten unsere Herzen und Leben heute der Sache der gesamten freien Menschheit.
Gewähre uns Sieg über die Tyrannen, die alle freien Menschen und Nationen versklaven würden. Gewähre uns Glauben und Verständnis, um all jene zu ehren, die für Freiheit kämpfen, als wären sie unsere Brüder. Gewähre uns Brüderlichkeit in Hoffnung und Einheit, nicht nur für die Zeit dieses bitteren Krieges, sondern für die kommenden Tage, die alle Kinder der Erde vereinen werden und müssen.
Unsere Erde ist nur ein kleines Gestirn im großen Weltall. An uns liegt es, daraus einen Planeten zu machen, dessen Geschöpfe nicht von Kriegen gepeinigt werden, nicht von Hunger und Furcht gequält, nicht zerrissen in sinnlose Trennung nach Rasse, Hautfarbe oder Weltanschauung. Gib uns Mut und Voraussicht, schon heute mit diesem Werk zu beginnen, damit unsere Kinder und Kindeskinder einst stolz den Namen Mensch tragen.
Der menschliche Geist ist erwacht und die Seele des Menschen ist ausgezogen. Gib uns die Weisheit und die Vision, die

Größe des menschlichen Geistes zu verstehen, der für ein Ziel jenseits seiner eigenen kurzen Spanne so enorm leidet und erträgt. Gib uns Ehre für unsere Toten, die im Glauben gestorben sind, Ehre für unsere Lebenden, die nach dem Glauben streben und für ihn arbeiten, Erlösung und Sicherheit für alle gefangenen Länder und Völker. Schenke uns Geduld mit den Verblendeten und Mitleid mit den Betrogenen. Und gib uns die Fähigkeit und den Mut, die die Welt von Unterdrückung reinigen sollen und der alten Doktrin, dass die Starken die Schwachen essen müssten, weil sie stark sind.

Doch vor allem gewähre uns Brüderlichkeit, nicht nur für den heutigen Tag, sondern für alle unsere Jahre – eine Brüderlichkeit nicht der Worte, sondern der Handlungen und Taten. Wir alle sind Kinder der Erde – gewähre uns dies einfache Wissen. Wenn unsere Brüder unterdrückt werden, dann werden wir unterdrückt. Wenn sie hungern, hungern wir. Wenn ihnen die Freiheit genommen wird, dann ist unsere Freiheit nicht sicher. Gib uns einen gemeinsamen Glauben, dass der Mensch Brot und Frieden kenne – dass er Recht und Gerechtigkeit, Freiheit und Sicherheit, gleiche Möglichkeiten und gleiche Chancen, sein Bestes zu tun, nicht nur in unseren Heimatländern, sondern in der ganzen Welt. Und in diesem Glauben lass uns auf die reine Welt zumarschieren, die unsere Hände erschaffen können. Amen.[49]

Initiativen wie „Religionen auf dem Weg des Friedens" bieten auf ihren Homepages eine Reihe von Friedensgebeten vieler Religionen an.[50] Hier ist das folgende Gebet aus der Hindu-Tradition von „Religionen auf dem Weg des Friedens" aufgenommen.

Dies ist an dich mein Gebet: Triff, triff bis zur Wurzel des
Mangels mein Herz.
Gib mir die Kraft, leicht meine Freuden und Sorgen zu tra-
gen.
Gib mir die Kraft, meine Liebe fruchtbar im Dienste zu ma-
chen.
Gib mir Kraft, die Armen nie zu verleugnen und meine Knie
vor fremder Macht nicht zu beugen.
Gib mir die Kraft, meinen Geist über das Nichtige zu erhe-
ben, das mich täglich gefangen nehmen will.
[Gib mir die Kraft, im Menschen aus verschiedenen Kulturen
und religiösen Traditionen deine Nähe zu spüren,] und gib
mir die Kraft, mich deinem Willen hinzugeben in Liebe.

(nach Rigveda, Yajurveda und Atharvaveda
und Rabindranath Tagore)

Religiös gebundenen Menschen ist es wichtig, für Frieden und Versöhnung zu beten. Für alle Menschen, gleich welcher Religion oder Weltanschauung, ist es unerlässlich, Gedanken des Friedens zu denken und eine friedvolle Haltung gegenüber sich selbst und anderen einzuüben. Anders ist Frieden im Kleinen wohl nicht zu erreichen, viel weniger noch zwischen Gruppen, Völkern und Ländern.

Der Pallotinerpater und katholische Theologe Klaus Schäfer SAC hat Friedenszitate aus unterschiedlichen Jahrhunderten gesammelt und als frei nutzbares PDF ins Netz gestellt.[51] Sie wollen einladen, bedacht und gelebt zu werden und seien zur weiteren Lektüre empfohlen.

„Im Frieden leben erfordert nicht große Worte,
sondern viele kleine Schritte."

(Unbekannt)

Das andere Bild
von den Deutschen

„Du hast mein Bild von den Deutschen verändert", sagte Charles de Vallavieille bei meiner Verabschiedung aus Sainte-Mère-Église im Sommer 2015 zu mir. Er ist der Präsident des Landungsmuseums am Utah Beach und seit 2020 Bürgermeister von Sainte-Marie-du-Mont. Dieser Satz ist für mich persönlich so etwas wie eine Friedensaussage. Da gibt jemand zu, dass sein Bild vom Nachbarvolk nicht das beste war. Und dass sich dieses Bild jetzt geändert hat, zum Positiven. Danke, Charles, dass du das so gesagt hast. Es hat mir gutgetan.

Jean Quétier, der Präsident des „Comité du Débarquement"[52] ist, bestätigt, dass sich in den letzten Jahren viel zum Positiven entwickelt hat: „Vor 2001 wäre es zum Beispiel nicht möglich gewesen, Deutsche in die Festivitäten zum D-Day-Jubiläum einzubinden. 2001 haben wir uns entschieden, dies zu ändern. Der Großteil der Bevölkerung hat das gut akzeptiert. Bei der internationalen Feier 2023 in Ver-sur-Mer durfte zwar die deutsche Flagge nicht gehisst und die deutsche Nationalhymne nicht gespielt werden, aber der Vertreter des deutschen Botschafters konnte eine Rede halten. Diese Rede bekam den größten Applaus aller Reden an diesem Tag. Als Präsident des D-Day-Komitees habe ich mich mit meinen Kolleginnen und Kollegen dafür eingesetzt, dass sich Deutschland bei den großen internationalen Feierlichkeiten 2024 zum 80. D-Day-Jubiläum nicht nur durch seine offiziellen Regierungsvertreter, sondern auch durch seine Flagge und seine Hymne repräsentieren kann. Aber diese Entscheidung liegt nicht bei uns, sondern in Paris."

Das Samenkorn Frieden, das wir drei Gründer-Schwestern mit dem Maison de la Paix in normannische Erde legen wollten, ist nicht verloren gegangen. Es keimt und wächst. Das Maison de la Paix ist längst zu einem festen Bestandteil im Dorf Sainte-Mère-Église geworden. Aus der baufälligen Scheune ist eine Friedensscheune geworden. Die beeindruckende Architektur mit ihrem Raum der Stille lädt Gruppen und Einzelne ein, sich auf das Thema „Frieden" einzulassen. Die Friedensarbeit geht weiter. Andere Ordensschwestern haben den Staffelstab von uns übernommen. Und sie werden ihn wiederum weitergeben, wenn die Zeit dafür gekommen ist.

Wir leben nicht in einer heilen Welt, unsere geschundene Erde ächzt – auch unter unserer Lebensführung. Wir können nicht den allumfassenden Weltfrieden schaffen. Aber wir können das Unsere tun.

Gut zu wissen, dass es in unserer zerrissenen, von Naturkatastrophen und Kriegen, Hungersnöten und Gewaltausbrüchen gequälten Welt überall Orte des Friedens und der Versöhnung gibt.

Gut zu wissen, dass überall auf unserer Erde Menschen leben, die Böses nicht mit Bösem, sondern mit Gutem vergelten. Die die Spirale der Gewalt durch Akte der Vergebung durchbrechen. Die nicht über andere herziehen, sondern erste Schritte zur Versöhnung gehen.

Gut zu wissen, dass wir das zerbrechliche Gut des Friedens in unserem eigenen Herzen kultivieren und schützen können und dass wir unverzagt und aufrechten Ganges unseren eigenen Frieden um uns herum wirken lassen können.

„Ein einfältiger Mann fragte einen Gewappneten,
was er vorhätte. Der antwortete,
er wolle in den Krieg ziehen. –
Was tun? – Leute umbringen.
Städte und Dörfer anstecken. –
Warum? – Auf dass man Frieden habe. –
Warum macht man dann nicht Frieden,
ehe man solche Untat anrichtet?"

Julius Wilhelm Zincgref, 1591 bis 1635

Danke

Zahllose Personen haben dazu beigetragen, dass dort, wo 1944 die Befreiung der Welt vom Nationalsozialismus begann, ein „Haus des Friedens" entstehen konnte. Bischof Stanislas Lalanne und die Konferenz der Ordensgemeinschaften Frankreichs haben die Idee der Gründung eines „Ortes des Friedens" in einer immer noch vom Kriegstourismus geprägten Gegend entwickelt und begleitet. Die Ordensgemeinschaften des Apostolischen Karmel von Avranches, der Soeurs de Sainte Marie de Torfou und der Schwestern der heiligen Maria Magdalena Postel in Heiligenstadt haben jeweils eine ihrer Schwestern nach Sainte-Mère-Église gesandt. Wir drei Gründer-Schwestern Sr. Anne-Françoise Angomard, Sr. Simone Delaunay und ich haben das Haus in der Rue Général Koenig Nr. 25 zu einem „Maison de la Paix" werden lassen. Das ist gelungen, weil viele Freundinnen und Freunde, Begleiterinnen und Unterstützer uns vertraut und geholfen haben. Ihnen allen dient ein großer Dank für den Mut und die Begeisterung, ein solches Projekt mit uns zu wagen.

Mein persönlicher Dank in Bezug auf das vorliegende Buch gilt vielen einzelnen Menschen: meiner damaligen Ordensleitung Schwester Aloisia Höing und Schwester Adelgundis Pastusiak, die mir zugetraut haben, in der Nähe der Landungsstrände ein Friedensprojekt mit aufzubauen. Dann Anne-Françoise Angomard und Simone Delaunay, meinen ehemaligen Mitschwestern im Maison de la Paix: Wir haben fast vier Jahre gemeinsam gelebt, gebetet, gearbeitet, gelacht, gestritten und uns versöhnt, und wir haben gelernt, was es bedeutet, sich für Frieden und Versöhnung zu engagieren.

Ich danke Jörg Kohnen-May, dem Sohn des Soldaten Rudolph May, dass er mir die Erinnerungen seines Vaters zur Verfügung gestellt und mir über seine Begegnung mit dem Neffen von John Steele erzählt hat. Ich danke den vielen Freunden in meiner vorübergehenden Heimat Sainte-Mère-Église für alle Unterstützung und für ihre Zeit im Sommer 2023: den ehemaligen Bürgermeistern von Sainte-Mère-Église und Sainte-Marie-du-Mont Jean Quétier und Henri Milet, Henris Ehefrau Catherine, Annie und Jean-Jacques Hébert, die mir von Léon Hébert erzählt haben, Francine Noyon Duchemin, die mir von den Veteranen berichtet hat, dem Pfarrer von Sainte-Mère-Église, Marie-Bernard Seigneur, Lucie und Gonzague Chevalier, Michèle und Jojo Travert, Christian Lutier, Odile und Benoit Lacroix, Ann Sterling. Mein Dank gilt auch den Ordensschwestern, die seit 2022 im Maison de la Paix leben, beten und sich für Frieden und Versöhnung engagieren: Sr. Catherine und Sr. Marie-Thérèse vom Carmel Saint-Joseph und Sr. Pascale der ökumenischen Communauté de Grandchamp in der Schweiz. Danke der „Association des Amis de la Maison de la Paix" mit ihrem Präsidenten

Christian Lutier, deren Engagement und Unterstützung die Friedensarbeit erst ermöglicht.

In Großbritannien danke ich von Herzen Dr. William Boothby für seinen Essay *We really must give peace a chance* (Wir müssen dem Frieden wirklich eine Chance geben), der im Anhang abgedruckt ist. Er hat diesen aufschlussreichen wissenschaftlichen Text speziell für das vorliegende Buch verfasst. Ich danke Wolf Biermann, der mir seine Version des Liedes *Le temps de cerises* geschickt hat, und Dr. Ahmed Arslan, dem ehrenamtlichen Dialogbeauftragten der muslimischen Gemeinde Meschede, und Bodhimitra, dem Leiter des buddhistischen Zentrums Arnsberg, für die Gebete ihrer Glaubenstradition.

Ich danke meinem Kollegen Andreas Beer, der im Sommer 2012 das Foto aufgenommen hat, das der Bonifatiusverlag als Coverbild dieses Buches ausgewählt hat.

Mein besonderer Dank gilt Prof. Dr. Simone Bergmann für ihr aufmerksames, kompetentes Lesen meines Manuskriptes und für zahlreiche wertvolle Hinweise für ein besseres Leseverständnis. Des Weiteren danke ich Ulrike Gundlach, Maria Schreiber und meinen Mitschwestern Sr. Julia M. Handke SMMP, Sr. M. Simone Hellbach SMMP, Sr. M. Gregoria Kupper SMMP und Sr. Theresia Lehmeier SMMP, die bereit waren, das Manuskript liebevoll-kritisch Korrektur zu lesen.

Ohne alle diese und viele weitere Personen, die überzeugt und überzeugend leben und weitersagen, dass Friede und Versöhnung möglich sind, hätte es die Friedensinitiative des Maison de la Paix nicht geben können, noch das vorliegende Buch.

Anhang
Die Friedenskonventionen
und die Staatengemeinschaft

Der englische Ehemann meiner Freundin Monika war bis zu seiner Pensionierung stellvertretender Direktor der Rechtsabteilung der Royal Air Force (englische Luftwaffe). Er hat in Völkerrecht promoviert und zahlreiche Bücher über den Einfluss neuer Waffentechnologien, Nuklearwaffen und die Frage nach dem Recht bewaffneter Konflikte geschrieben. Bei einem Treffen mit Monika und Bill fragte ich ihn, ob ich ihm für das vorliegende Buch einige Fragen stellen dürfe. „Gern", antwortete er, „aber noch lieber schreibe ich dir etwas in Englisch. Mein Deutsch ist nicht so gut, um über ein so komplexes Thema wie Frieden und Waffenrecht zu sprechen." Einige Wochen später schickte er mir seinen Gedanken. Sie sind überschrieben: *We really must give peace a chance*.[53]

Wir müssen dem Frieden
wirklich eine Chance geben –
Ein Essay des Waffenrechtsexperten Dr. William Boothby

Der Begriff des Krieges an sich ist schon inakzeptabel. Die Vorstellung, dass Menschen im 21. Jahrhundert ihre Differenzen mit Macheten, Kugeln, Raketen und Bomben und anderen militärischen Utensilien der Zerstörung und des Tötens austragen, scheint barbarisch zu sein. Und doch brechen Kriege zwischen Nationen und Kriegen innerhalb der Grenzen einzelner Nationen immer wieder aus und werden mit äußerster Grausamkeit geführt, wie es schon seit Tausenden von Jahren der Fall ist. Man fragt sich, ob es etwas in der menschlichen Natur gibt, das Kriege unvermeidlich macht. Wenn also der Begriff des Krieges so alt ist wie die Menschheit selbst, ist es vielleicht nicht überraschend, dass das Völkerrecht den Krieg als eine Tatsache des Lebens akzeptiert und ein Regelwerk bereitstellt, das für diejenigen, die den Konflikt begonnen haben, und für die Opfer der Aggression gleichermaßen gilt. Es wäre töricht zu glauben, dass das Recht alle Antworten auf die ethischen und humanitären Fragen und Bedenken hat, die sich natürlich ergeben, wenn internationale Spannungen zu Feindseligkeiten führen. Seien Sie beruhigt – das tut es nicht. Das Völkerrecht legt jedoch einige Grundprinzipien und Regeln fest, die darauf abzielen, den Frieden zu erhalten, und, falls dies nicht gelingt, die schlimmsten Auswüchse zu mildern, wenn die Kämpfe beginnen.

Vielleicht sollten wir uns also zunächst das Recht ansehen, das regelt, wann Staaten Gewalt anwenden dürfen. Die Charta der Vereinten Nationen wurde am 26. Juni 1945 in San Francisco unterzeichnet. Mit den Schrecken des Ersten und Zweiten Weltkrieges im Hinterkopf begannen die Verfasser der Charta das Dokument

mit einem einleitenden Text, der wie folgt beginnt: „Wir, die Völker der Vereinten Nationen, sind entschlossen, die nachfolgenden
Generationen vor der Geißel des Krieges zu bewahren, die zweimal zu unseren Lebzeiten unsagbares Leid über die Menschheit gebracht hat […].“[54] Der Text fährt fort mit der Entschlossenheit,
„den Glauben an die grundlegenden Menschenrechte, an die Würde und den Wert der menschlichen Person und an die Gleichbe-
rechtigung von Männern und Frauen sowie von großen und kleinen Nationen zu bekräftigen“[55]. Diese hohen Ideale spiegeln sich
auch in den Zielen der Vereinten Nationen wider. Diese bestehen,
kurz gefasst, darin, den Weltfrieden und die internationale Sicherheit zu wahren, freundschaftliche Beziehungen zwischen den Nationen zu entwickeln, eine internationale Zusammenarbeit zur
Lösung internationaler Probleme zu erreichen und ein Zentrum
für die Harmonisierung der Maßnahmen der Nationen zur Errei-
chung dieser Ziele zu sein.[56] Wenn Sie dies lesen, können Sie sich
vorstellen, wie die Verfasser des Textes als Reaktion auf die Jahre
der Aggression, der Grausamkeit und der internationalen Bösartig-
keit versuchten, internationale Vereinbarungen zu treffen, um zu
gewährleisten, dass sich eine solche Situation nicht wiederholen
kann. Daraus ergibt sich, dass die Wahrung des Weltfriedens und
der internationalen Sicherheit von allen diesen Zielen eindeutig das
Wichtigste ist.

In Artikel 2 der Charta werden dann die Grundsätze aufge-
führt, mit denen die in Artikel 1 genannten Ziele erreicht werden
sollen. Der erste Grundsatz ist die souveräne Gleichheit aller Mitglieder der UNO, d. h. aller Staaten.[57] Dieser Grundsatz setzt also
voraus, dass alle Staaten die Souveränität der anderen respektieren.
Die gegenseitige Achtung der Souveränitätsrechte würde natürlich dazu beitragen, die Art von Reibungen zu verringern, die zu

Kriegen führen können. Ein weiterer Grundsatz verlangt von allen Staaten, ihre internationalen Streitigkeiten friedlich so beizulegen, dass der internationale Frieden, die Sicherheit und die Gerechtigkeit nicht gefährdet werden.[58] Der letzte Grundsatz, den ich erwähnen möchte, ist das Verbot der Androhung oder Anwendung von Gewalt. Danach ist die Androhung von Gewalt oder die tatsächliche Anwendung von Gewalt durch einen Staat gegen einen anderen rechtswidrig, sofern nicht eine der beiden möglichen Ausnahmen greift. Die erste Ausnahme erlaubt die Anwendung von Gewalt zur Selbstverteidigung, wenn ein bewaffneter Angriff erfolgt oder unmittelbar bevorsteht. Was ist ein bewaffneter Angriff, könnte man sich fragen. Die Antwort ist, wie der Internationale Gerichtshof in seinem Nicaragua-Urteil feststellte, eine besonders schwere Form der Gewaltanwendung.[59] Wichtig ist zu verstehen, dass der Opferstaat nur dann das Recht hat, zur Selbstverteidigung Gewalt anzuwenden, wenn ein bewaffneter Angriff stattfindet oder unmittelbar bevorsteht.[60] In diesem Fall gelten zusätzliche rechtliche Regeln, nämlich dass die Anwendung von Gewalt zur Selbstverteidigung nur dann rechtmäßig ist, wenn sie notwendig ist, dass die zur Selbstverteidigung eingesetzte Gewalt verhältnismäßig sein muss und dass bestimmte andere Anforderungen gelten, deren Einzelheiten den Rahmen dieses Kapitels sprengen würden.

Der zweite Fall, in dem die Anwendung von Gewalt rechtmäßig ist, liegt vor, wenn der Sicherheitsrat der Vereinten Nationen nach Kapitel VII der Charta ein gewaltsames Vorgehen genehmigt hat. Dies ist in Artikel 42 vorgesehen und liegt vor, wenn der Sicherheitsrat nach Artikel 39 der Charta festgestellt hat, dass eine Bedrohung des Friedens, ein Friedensbruch oder eine Angriffshandlung vorliegt und dass gewaltsame Maßnahmen erforderlich sind, um der Situation zu begegnen.[61]

Und doch finden trotz dieses beeindruckenden Rahmens, der den internationalen Frieden erhalten soll, weiterhin Kriege statt. Während ich diese Zeilen schreibe, befindet sich die Ukraine in einem Krieg – oder bewaffneten Konflikt, wie wir ihn heute nennen[62] – mit der Russischen Föderation, und in den letzten Wochen sind Feindseligkeiten zwischen Israel und der Hamas ausgebrochen. Gibt es etwas an den Menschen, das sie daran hindert, friedlich zusammenzuleben, oder sollte man besser sagen, dass es etwas an einigen Menschen gibt, das sie in die Lage versetzt, internationale Beziehungen zu destabilisieren, allzu oft mit katastrophalen Folgen? Wie auch immer die Erklärung aussehen mag, Krieg ist eine historische Tatsache, und alles deutet darauf hin, dass es ihn auch in Zukunft geben wird.

Es wäre falsch, daraus zu schließen, dass sich das Recht nur mit der Anwendung von Gewalt befasst, d.h. mit dem Recht der UN-Charta. Es gibt ein weiteres, damit verbundenes, aber eigenständiges Rechtssystem, das sich mit der Situation befasst, sobald die Feindseligkeiten begonnen haben. Dieses Recht bestimmt, wie diese Feindseligkeiten geführt werden können, wer und was angegriffen werden darf, wer und was geschützt werden muss, welche Waffen eingesetzt werden dürfen und welche verboten sind. Für die Durchführung von Feindseligkeiten zu Lande, zu Wasser, in der Luft und aus der Luft und darüber hinaus im Weltraum gelten verschiedene Grundsätze und Regeln.[63] Das Gesetz befasst sich mit dem Schutz von Opfern, wie Verwundeten und Kranken,[64] Verwundeten, Kranken und Schiffbrüchigen auf See,[65] Kriegsgefangenen[66] und Zivilisten, die sich in Feindeshand befinden.[67] Ein gesondertes, aber verwandtes Rechtsgebiet, das Neutralitätsrecht, befasst sich mit den Verpflichtungen von Staaten, die an einem zwischenstaatlichen bewaffneten Konflikt beteiligt sind, gegenüber Staaten, die nicht als Parteien an dem bewaffneten Konflikt beteiligt sind. Ziel des Neutralitätsrechts ist es, die Unverletzlichkeit von Staaten, die nicht an einem bewaffneten Konflikt beteiligt sind, zu wahren und so zu versuchen, die Ausweitung internationaler bewaffneter Konflikte zu verhindern.

Es wird sofort deutlich, dass es sich im Allgemeinen um ein komplexes Rechtsgebiet handelt, und in den folgenden Abschnitten wird nicht versucht, eine umfassende Darstellung aller Grundsätze und Regeln zu geben. Wir werden nur an der Oberfläche kratzen, in der Hoffnung, den Umfang des Rechts und vielleicht ein oder zwei seiner zahlreichen Komplexitäten aufzuzeigen.

Es wurde bereits von Grundsätzen gesprochen, und es gibt zwei davon, die eingangs erwähnt werden sollen. Es handelt sich um den Grundsatz der militärischen Notwendigkeit und den Grundsatz der Menschlichkeit. Der Grundsatz der militärischen Notwendigkeit erlaubt den Einsatz rechtmäßiger Methoden und Waffen durch eine Konfliktpartei, um der anderen Partei die Verletzungen, den Tod und die Schäden zuzufügen, die notwendig sind, um das zu erreichen, was das Gesetz als legitimen Zweck der Kriegsführung ansieht. Dies ist die vollständige oder teilweise Unterwerfung des Feindes mit dem geringsten Aufwand an Zeit und Mitteln zu erreichen. Wie der Leser sehen kann, ist dieser Grundsatz aus militärischer Sicht im Wesentlichen von tolerantem und zulassendem Charakter.

Das Gegenstück dazu ist der Grundsatz der Menschlichkeit, der im Wesentlichen die Zufügung von Verletzungen, Leiden und Schäden verbietet, für die es keinen entsprechenden militärischen Zweck gibt. Es ist wichtig zu verstehen, dass diese beiden Grundsätze in Wahrheit zugrunde liegende Philosophien sind. Und das internationale Recht für bewaffnete Konflikte, das wir haben, spiegelt wider, wo die Staaten im Allgemeinen der Ansicht sind, dass ein angemessenes Gleichgewicht zwischen den im Wesentlichen konkurrierenden Interessen gefunden werden muss, nämlich dem militärischen Interesse, während der Feindseligkeiten zu obsiegen, und dem humanitären Interesse, die Opfer zu schützen.

Der nächste zu erwähnende Grundsatz ist der Grundsatz der Unterscheidung. Er verlangt von den Konfliktparteien, jederzeit zu unterscheiden zwischen Zivilisten und zivilen Objekten (die geschützt werden müssen und nicht angegriffen werden dürfen) auf der einen Seite und militärischen Zielen, d. h. Objekten, die einen effektiven Beitrag zur feindlichen Militäraktion leisten, feindlichen Kombattanten und Zivilisten, die direkt an den Feindseligkeiten teilnehmen, auf der anderen Seite.[68]

Während ich diese Worte schreibe, bin ich mir bewusst, dass ich Gefahr laufe, mich zu sehr in die vielleicht undurchdringlichen Details des Themas zu vertiefen, und das würde das Ziel dieses Artikels verfehlen, nämlich dem Leser einen breiten Überblick über das Thema zu geben. Vielleicht ist es daher am besten, wenn ich Ihnen sage, dass es bei Objekten eine allgemein akzeptierte Definition dafür gibt, wann ein Objekt zu einem militärischen Ziel wird und somit angegriffen werden kann.[69] Ein Beispiel, das ich in meinen Vorträgen oft anführe, ist der Turm einer Kirche, der unter den meisten Umständen natürlich als ziviles Objekt eingestuft würde und dementsprechend vor Angriffen geschützt wäre. Wird dieser Turm jedoch als Beobachtungsposten genutzt, um Artilleriebeschuss anzufordern, wird er zu einem militärischen Ziel. Es gibt jedoch zusätzliche Regeln, die eingehalten werden müssen, bevor ein Angriff rechtmäßig wäre. Wahllose Angriffe sind verboten,[70] ebenso wie Angriffe, bei denen zu erwarten ist, dass sie im Vergleich zu dem erwarteten militärischen Vorteil übermäßige Opfer und Schäden in der Zivilbevölkerung verursachen.[71] Darüber hinaus schreibt das Gesetz vor, dass Angreifer und Konfliktparteien, die ein Gebiet kontrollieren, jeweils Vorkehrungen treffen müssen, um Zivilpersonen und zivile Objekte vor den mit den Feindseligkeiten verbundenen Gefahren zu schützen.[72]

Wie aus dem vorangegangenen Absatz hervorgeht, gibt es also eine Vielzahl von Rechtsvorschriften, die darauf abzielen, dem Grundsatz der Unterscheidung praktische Wirksamkeit zu verleihen. Das Gesetz nennt nicht nur den Grundsatz, sondern erläutert auch die Regeln, die im Falle eines Angriffs angewandt werden müssen, und legt dann die Vorkehrungen fest, die bei ordnungsgemäßer Anwendung und nach Treu und Glauben die Einhaltung dieser Regeln gewährleisten sollen.

An dieser Stelle sollten wir einen weiteren der wichtigsten Grundsätze des Rechts der bewaffneten Konflikte betrachten, nämlich den Grundsatz der überflüssigen Verletzung oder des unnötigen Leidens. Dies ist ein Grundsatz, der bestimmte Mittel und Methoden der Kriegsführung verbietet. Bei den Mitteln der Kriegsführung handelt es sich um Waffen und Waffensysteme, während die Methoden der Kriegsführung die Art und Weise sind, in der die Feindseligkeiten geführt werden, manchmal auch als Taktiken, Techniken und Verfahren bezeichnet. Verboten ist der Einsatz von „Waffen, Geschossen und Material sowie Methoden der Kriegsführung, die geeignet sind, überflüssige Verletzungen oder unnötige Leiden zu verursachen"[73].

Dies ist eines der wichtigsten Kriterien, anhand derer die Rechtmäßigkeit von Waffen und Methoden der Kriegsführung beurteilt werden muss. Wie der aufmerksame Leser feststellen wird, enthält der Wortlaut der Vorschrift die im Wesentlichen vergleichenden Begriffe „überflüssig" und „unnötig", ohne den entsprechenden

Vergleichswert zu nennen. Ich bin der Ansicht, dass dieser Grundsatz Waffen und so weiter verbietet, die ihrer Natur nach Verletzungen oder Leiden verursachen, für die es keinen entsprechenden militärischen Zweck gibt. Einige Verletzungen und Leiden sind natürlich die unvermeidliche Folge der Kriegsführung. Bei dieser Regel geht es darum, unnötige Verletzungen und Leiden zu verbieten, wie sie beispielsweise durch das Einschmieren von Geschossen mit Reizstoffen verursacht werden, die das Leiden des verletzten Kämpfers verstärken.

Ein weiterer wichtiger waffenrechtlicher Grundsatz, der eindeutig mit dem Unterscheidungsgrundsatz zusammenhängt, den wir vor einigen Absätzen erörtert haben, ist der Grundsatz der wahllosen Waffen. Dieser verbietet Waffen, die von Natur aus unterschiedslos sind.[74] Der Leser mag sich fragen, ob dieser Grundsatz dazu führen sollte, dass Kernwaffen rechtswidrig sind, und es gibt viele Staaten und Kommentatoren, die diese Ansicht teilen. Dies ist jedoch nicht die Position der internationalen Gemeinschaft als Ganzes, und es ist klar, dass sich zahlreiche Staaten für ihre Sicherheit entweder direkt auf ihre nukleare Abschreckung verlassen oder dass sie Schirmstaaten sind, die ihre Sicherheit von den Kernwaffenfähigkeiten anderer, verbündeter Staaten ableiten.

Die natürliche Umwelt ist bis zu einem gewissen Grad davor geschützt, zum Gegenstand von Angriffen zu werden. Zwar ist es den Vertragsstaaten der Genfer Konventionen mit ihren Zusatzprotokollen untersagt, die natürliche Umwelt einem sehr hohen Maß an Schäden auszusetzen,[75] aber die vielleicht schützendste Bestimmung ergibt sich aus der Anerkennung der natürlichen Umwelt im allgemeinen Recht als ziviles Objekt, das daher nicht zum Gegenstand eines Angriffs gemacht werden darf.[76] Ähnlich wie der Kirchturm, über den wir vorhin gesprochen haben, können jedoch Teile der natürlichen Umwelt genutzt werden, um einen wirksamen Beitrag zu feindlichen Militäraktionen zu leisten, und können daher zu einem militärischen Ziel und damit zu einem rechtmäßigen Angriffsziel werden. Dies könnte beispielsweise der Fall sein, wenn das Laub der Bäume oder eines Waldes dazu verwendet wird, feindliche Truppen und/oder militärische Fahrzeuge oder Einrichtungen zu verbergen.

Was schließlich das Waffenrecht anbelangt, so sind bestimmte Arten von Waffen verboten. Dazu gehören Gifte und vergiftete Waffen, erstickende Gase, chemische Waffen, biologische Waffen, bestimmte Arten von Landminen, insbesondere Antipersonenminen, Laserwaffen, die als Kampffunktion die Erblindung herbeiführen sollen, bestimmte Arten von Sprengfallen und Streumunition, die unter eine bestimmte Definition fallen.

Während Zivilisten und zivile Objekte nicht zum Ziel von Angriffen gemacht werden dürfen und bei der Prüfung des Grundsatzes des unterschiedslosen Angriffs angemessen berücksichtigt werden müssen, genießen einige bestimmte Gruppen von Personen und Objekten einen besonderen Schutz durch das Gesetz. Die Grundlage für diesen besonderen Schutz ist in der Regel ihre Bedeutung für humanitäre Zwecke und/oder ihre Verwundbarkeit. Medizinische Einheiten, Sanitätsstationen, militärische und zivile Krankenhäuser, medizinische Transporte sowie medizinisches und religiöses Personal (z. B. Seelsorger) fallen in diese Kategorie. Sie müssen jederzeit respektiert und geschützt werden, was im Wesentlichen bedeutet, dass sie nicht angegriffen werden dürfen, dass ihre humanitäre Funktion nicht beeinträchtigt werden darf und dass sie vor nachteiligen Eingriffen durch Dritte geschützt werden müssen.[77] Die Folge dieses besonderen Schutzes ist, dass dieses Personal und diese Einrichtungen außerhalb ihrer humanitären Funktion nicht für Aktivitäten eingesetzt werden dürfen, die dem Feind schaden. Insbesondere dürfen sie nicht eingesetzt werden, um rechtmäßige Ziele, d. h. militärische Ziele, vor Angriffen zu schützen. Ähnliche Sonderschutzregelungen gelten beispielsweise für Kulturgüter, die „für das kulturelle Erbe eines jeden Volkes von großer Bedeutung sind"[78], für Einrichtungen und Personal des Zivilschutzes sowie für Personal von Hilfsmaßnahmen.

Es könnte noch viel mehr geschrieben werden, um die für die Durchführung von Feindseligkeiten geltenden Regeln im Detail zu erläutern, aber unsere Aufmerksamkeit sollte sich jetzt auf die Klassifizierung von Konflikten richten. Dies ist eine wichtige Frage, denn das anwendbare Recht hängt davon ab, wie ein bewaffneter Konflikt eingestuft wird. Vor 1949 war das Spektrum der Konflikte recht überschaubar. Es gab entweder Frieden oder Krieg, und der Begriff des Krieges war auf Situationen beschränkt, in denen sich ein oder mehrere Staaten mit einem oder mehreren anderen Staaten im Krieg befanden. In den Genfer Konventionen wurden zum ersten Mal „bewaffnete Konflikte ohne internationalen Charakter"[79] anerkannt. Während die meisten der vier Genfer Konventionen für bewaffnete Konflikte zwischen Staaten gelten, enthält Artikel 3, der in allen vier Konventionen in ähnlicher Formulierung vorkommt, nur sehr begrenzte Schutzbestimmungen für diese nicht internationalen bewaffneten Konflikte (NIACs). Etwas detailliertere Schutzvorkehrungen wurden in ein 1977 angenommenes Zweites Protokoll zu den Genfer Konventionen aufgenommen, das sich speziell mit bestimmten Arten von nicht internationalen bewaffneten Konflikten befasst. Aber man kann mit Fug und Recht behaupten, dass viele der Grundsätze und Regeln, die wir in diesem Kapitel erörtert haben, ja fast alle, auch in NIACs gelten, weil sie die allgemeine Praxis der Staaten widerspiegeln und von den Staaten im Allgemeinen als in diesen Situationen rechtskräftig anerkannt werden.

Die Zukunft

Im ersten Teil dieses Abschnitts spekuliere ich darüber, ob wir aus humanitärer Sicht in den kommenden Jahren mit Verbesserungen rechnen können. Diese Frage lässt sich wahrscheinlich in zwei Aspekte unterteilen. Erstens: Ist es wahrscheinlich, dass der Krieg als Mittel zur Beilegung internationaler Streitigkeiten aussterben wird?

Vielleicht ist es nur natürlich, dass jede Generation hofft, dass das Leben im Allgemeinen für künftige Generationen besser sein wird, als es zu unseren Lebzeiten der Fall war. Man kann sicher sein, dass dies die Hoffnung derjenigen war, die die beiden Weltkriege erleben mussten, eine Hoffnung, die, wie wir festgestellt haben, auch die Verhandlungsführer teilten, die die UN-Charta ausgearbeitet und verabschiedet haben. Ihre optimistischen Vorstellungen haben sich jedoch nicht erfüllt. In den Jahren seit dem Zweiten Weltkrieg kam es zu zahlreichen bewaffneten Konflikten, darunter in Korea, Vietnam und Kambodscha, in Malaysia, im Kongo, im Südatlantik, im Sudan, im Jemen, im ehemaligen Jugoslawien, in der Ukraine und im Nahen Osten. Eine vollständige Liste der bewaffneten Konflikte, die seit 1945 stattgefunden haben, wäre in der Tat bedauerlicherweise sehr lang. Aber eine Wiederholung globaler Konflikte konnte glücklicherweise vermieden werden, und man kann nur hoffen, dass dies auch in Zukunft der Fall sein wird.

Die zweite Möglichkeit, die eine internationale Veränderung zum Besseren in humanitärer Hinsicht aufzeigen könnte, wäre eine bessere internationale Einhaltung des Rechtsbestandes, den wir in den vorangegangenen Abschnitten erörtert haben. Ich bin mir nicht sicher, ob die jüngste Geschichte in dieser Hinsicht viel Anlass zu Optimismus gibt. Die Bilder, die wir allzu häufig in den Medien sehen, von Angriffen auf Krankenhäuser, auf zivile Wohnhäuser, auf Wohnblocks, von der direkten Ermordung von Zivilisten, einschließlich Frauen und Kindern, von Geiselnahmen, von Hinrichtungen im Schnellverfahren und ähnlichen abscheulichen Handlungen, lassen in vielen Fällen auf eindeutige Verstöße gegen die elementarsten Grundsätze und Regeln des Rechts der bewaffneten Konflikte schließen. Die Leser werden ihre eigene Meinung darüber haben, warum solche Gräueltaten weiterhin verübt werden. Ich möchte meine folgenden bescheidenen Überlegungen anstellen.

Bewaffnete Gruppen, deren Mitglieder keiner klaren Befehlsstruktur und keinem Disziplinarsystem unterliegen und die nur wenig oder gar nicht über das Recht in bewaffneten Konflikten aufgeklärt werden, begehen mit größerer Wahrscheinlichkeit Rechtsverstöße als disziplinierte Truppen mit klaren Befehlsstrukturen und regelmäßigen Unterweisungen darüber, was das Gesetz erwartet. Aber auch disziplinierte Truppen können gegen die Regeln verstoßen und/oder sie können Befehlshaber haben, die, aus welchen Motiven auch immer, zu rechtswidrigem Verhalten ermutigen.

Bei Konflikten zwischen Bevölkerungsgruppen, die sich gegenseitig hassen, ist die Wahrscheinlichkeit größer, dass es zu Gräueltaten kommt. Dieser Hass kann tief verwurzelt sein und vielleicht auf Ereignissen beruhen, die Jahrzehnte, Jahrhunderte oder sogar Jahrtausende zurückliegen.

Religiöse, rassische oder ethnische Unterschiede können sich in Konflikten widerspiegeln, in denen der einschränkenden Wirkung des Völkerrechts kaum Beachtung geschenkt wird. Dies sind leider Aspekte, die sich in Zukunft wohl kaum ändern werden.

Eine Erörterung der potenziellen Ursachen für künftige Konflikte könnte sehr viele Seiten in Anspruch nehmen. Es genügt die Schlussfolgerung, dass die traditionellen Gründe für die Anwendung von Gewalt zwar fortbestehen werden, dass aber in Zukunft wahrscheinlich neue Ursachen für Kriege entstehen werden, die beispielsweise auf dem Wettbewerb um Ressourcen und Bevölkerungsbewegungen beruhen.

Wenn wir zu dem Schluss kommen müssen, dass bewaffnete Konflikte fortbestehen werden und dass eine wesentlich bessere Einhaltung der Gesetze unwahrscheinlich ist, geben uns dann die Technologien und Methoden, die in künftigen Feindseligkeiten zum Einsatz kommen werden, Anlass zur Hoffnung? Ich denke, wir können damit rechnen, dass die Waffensysteme, die in vergangenen Kriegen eingesetzt wurden, auch in Zukunft verwendet werden. Messer, Bajonette, Speere und Schwerter werden weiterhin neben Minen, Sprengfallen, Bomben, Mörsern, Raketen, improvisierten Sprengsätzen und Schusswaffen in Konflikten zum Einsatz kommen, die man als technologisch weniger fortgeschritten bezeichnen könnte. Diese Feststellung mag den Leser zu der Frage veranlassen, was an künftigen Konflikten anders sein könnte. Die Antwort scheint zu sein, dass neue Technologien, von denen viele ursprünglich für kommerzielle Anwendungen in Friedenszeiten entwickelt wurden, wahrscheinlich für militärische Zwecke angepasst werden. Die Nutzung des Cyberspace für die Durchführung von Feindseligkeiten ist vielleicht ein schlechtes Beispiel, denn die Anfänge dessen, was später das World Wide Web werden sollte, waren ein militärisches Kommunikationssystem. Es wurde viel über künstliche Intelligenz geschrieben, und die Anwendungen dieser Technologie, die bisher eine beträchtliche Entwicklung erfahren haben, sind kommerzielle, im Wesentlichen friedensmäßige Anwendungen, wie z. B. autonome Fahrzeuge. Die Anwendung von KI in der Waffenentwicklung wirft alle möglichen schwierigen Fragen auf. Die internationale Gemeinschaft setzt sich mit diesen Herausforderungen auseinander, zum Beispiel im Rahmen der Diskussionen bei den Vereinten Nationen in Genf unter der Schirmherrschaft des Übereinkommens über konventionelle Waffen.[80]

Diese Diskussionen über sogenannte tödliche autonome Waffensysteme können, müssen aber nicht zur Verabschiedung eines Vertrags führen, der den Staaten, die sich damit einverstanden erklären, rechtliche Verpflichtungen auferlegt oder auch nicht. Während diejenigen, die für ein Verbot solcher Waffensysteme plädieren, über den derzeitigen Mangel an Fortschritten auf dem Weg zu einem Verbot enttäuscht sein werden, ist es wichtig festzustellen, dass die Diskussionen zu diesem Thema in Genf das internationale Verständnis für dieses Thema verbessert haben und dass eine Reihe von Schlüsselprinzipien vereinbart wurde.[81]

Eine weitere rasante Entwicklung in der Waffentechnologie ist die Geschossgeschwindigkeit. Die Länder entwickeln Raketensysteme, die sich mit bis zu zehnfacher Schallgeschwindigkeit fortbewegen können,[82] und es wird nicht lange dauern, bis noch schnellere Raketen erfunden werden. Experten, die sich dagegen wehren, dass Maschinen entscheiden, welche Objekte ins Visier genommen werden und welche vor Angriffen geschützt werden müssen, könnten schon bald mit der Erkenntnis konfrontiert werden, dass die menschliche Entscheidungsfindung in Bezug auf bestimmte feindliche Aktivitäten durch diese Art der technologischen Entwicklung unpraktisch geworden ist. Der menschliche Entscheidungsträger wird zum schwächsten Glied in der Kette – denn wenn sich die ankommende Bedrohung so schnell ausbreitet oder, schlimmer noch, mit digitaler Geschwindigkeit durch den Cyberspace übertragen wird, ist vielleicht die einzige brauchbare Gegenmaßnahme zur Verteidigung eine, die auf automatisierten oder autonomen digitalen Entscheidungen beruht.

Dies führt uns zu der Frage, ob wir einen Krieg akzeptieren können, in dem Maschinen auf beiden Seiten die Entscheidungen treffen. Aus ethischer Sicht ist es natürlich inakzeptabel, dass Maschinen darüber entscheiden, welche Objekte zerstört und welche Personen möglicherweise angegriffen werden sollen. Und vielleicht bleiben diese Methoden auch dann inakzeptabel, wenn die Maschinen darauf trainiert sind, humanitärere Entscheidungen zu treffen, als es Menschen in der extrem begrenzten zur Verfügung stehenden Zeit möglich wäre.

Schlussfolgerung

Ich möchte diesen Beitrag so optimistisch wie möglich abschließen. Ein Gedanke dazu lautet wie folgt: Wenn die Zukunft der Kriegsführung darin besteht, dass Maschinen andere Maschinen angreifen oder sich gegen sie verteidigen, und wenn die Menschen von den Kämpfen weniger betroffen sind als heute, wäre das vielleicht eine Verbesserung gegenüber dem, was wir heute erleben. Stellen Sie sich doch einmal eine Situation vor, in der nur Maschinen von der Kriegsführung betroffen sind. Wenn diese futuristische Situation erreicht wäre, würde jeder, der auf die schlaue Idee käme, dass die Menschen anfangen sollten, sich mit Gewalt gegeneinander zu wenden, mit der Antwort konfrontiert „Aber ist das nicht gefährlich."

Eine andere Möglichkeit besteht darin, dass die maschinelle Entscheidungsfindung menschliche Schwächen wie Bosheit, Nachlässigkeit, Müdigkeit, Unwissenheit, Verwirrung usw. ausgleicht, was zu einer größeren Fähigkeit führt, die Schwachen, die Verletzlichen, die Zivilisten und die Unschuldigen zu schützen. Skeptiker werden darauf hinweisen, dass die Technologie das Töten und Verletzen des Feindes in der Kriegsführung nur effizienter zu machen scheint, sodass Verletzungen, Krankheit und Elend mit dem technischen Fortschritt zunehmen.

Vielleicht sollten wir unsere Wissenschaftler, Diplomaten, Streitkräfte und Politiker an das unermessliche Leid erinnern, das während der beiden Weltkriege verursacht wurde, und vielleicht sollten wir darauf bestehen, dass internationale Streitigkeiten in Übereinstimmung mit der UN-Charta tatsächlich friedlich gelöst werden müssen. Kriegstreiberische Führer, insbesondere Führer von Großmächten mit totalitären Systemen, müssen irgendwie davon abgehalten werden, aggressive Kriege zu führen.

Das Leben in Frieden miteinander muss als die unverzichtbare Art des Lebens auf dieser Erde akzeptiert werden. Wir können die in diesem Essay erwähnten Technologien zwar nicht ver-lernen, aber wir können uns bemühen, sie für friedliche Zwecke einzusetzen und die Art von Schrecken zu vermeiden, die die sich entwickelnden und bestehenden Waffentechnologien auslösen können.

Kurz gesagt, wir brauchen eine globale Kultur des friedlichen Respekts und der Koexistenz und eine Rückkehr zu den dauerhaften Idealen, die 1945 vereinbart wurden.

Anmerkungen

1   Alexis Jenni in Anne Broilliard, Benoît Lenoël: Prisonniers allemands en Normandie. Un camp américain – Fourcarville 1944-1947. OREP Editions 2017, S. 99.

2   Zu Deutsch: Haus des Friedens. Die Bezeichnung, die die Bevölkerung unserem Wohnhaus gegeben hat.

3   Deckname für die in Nordfrankreich am 6. Juni 1944 begonnene Landung der Westalliierten.

4   Der französischsprachige Hörfunksender der BBC im Zweiten Weltkrieg.

5   *Chanson d'Automne* (Herbstlied) ist ein Gedicht des französischen Dichters Paul Verlaine (1844–1896).

6   Quelle: *https://en.wikipedia.org/wiki/Chanson_d%27automne#cite_note-3* (entnommen 07.08.2023). Übersetzung aus dem Französischen: Bertram Kottmann.

7   Zahlen von dem Historiker Fabien Théofilakis der Unversität Sorbonne in Paris. In: Anne Broilliard, Benoît Lenoël: Prisonniers allemands en Normandie. Un camp américain – Fourcarville 1944–1947. OREP Editions 2017.

8   Ebd., S. 11.

9   Einige Quellen sprechen von 14.000, anderen von 13.000 Fallschirmjägern.

10   Eigenständiges Werk vor einer Brücke, das sich von der eigentlichen Festung aus gesehen auf dem jenseitigen Ufer, also auf dem Gebiet des Feindes, befindet.

11   *https://www.vatican.va/content/john-paul-ii/de/letters/2002/documents/hf_jp-ii_let_20020304_capi-stato.html* (entnommen 30.11.2023).

12   Ansprache von Papst Franziskus, 08.06.2014.

13   Ansprache von Papst Franziskus nach dem Angelus-Gebet am 27.03.2022.

14   Mahatma Gandhi. Quelle: *https://etab.ac-reunion.fr/clg-jean-lafosse/inauguration-de-la-place-mahatma-gandhi/*, von mir aus dem Französischen übersetzt.

15   *Pax Christi International* ist eine gemeinnützige, nicht staatliche katholische Friedensbewegung.

16   Conférence des religieux et religieuses de France (entspricht in Deutschland der DOK, Deutsche Ordensobernkonferenz, dem Zusammenschluss der Höheren Oberen der Orden und Kongregationen in Deutschland).

17   Flugabwehrkanone, die zur Abwehr von Flugzeugen eingesetzt wird.

18   Das Kolpingwerk ist ein internationaler katholischer Sozialverband, der von der Lehre des Priesters und Sozialreformers Adolph Kolping (1813–1865) inspiriert ist.

19   BGBl. 1963 II, S. 705–710. Politisches Archiv des Auswärtigen Amts, Vertragsarchiv.

20   Französisches Liebeslied, geschrieben 1866 von Jean-Baptiste Clément, vertont 1868 von Antoine Renard. Es ist untrennbar mit der Pariser Kommune verbunden, die es als ihre Hymne, als ihr Revolutionslied sang. Liedtext im Original: «Quand nous chanterons le temps des cerises, et gai rossignol et merle moqueur Seront tous en fête. Les belles auront la folie en tête et les amoureux du soleil au cœur. Quand nous chanterons le temps des cerises, sifflera bien mieux le merle moqueur. Mais il est bien court le temps des cerises, où l'on s'en va deux cueillir en rêvant des pendants d'oreilles, cerises d'amour aux robes pareilles tombant sous la feuille en gouttes de sang. Mais il est bien court le temps des cerises, pendants de corail qu'on cueille en rêvant. Quand vous en serez au temps des cerises, si vous avez peur des chagrins d'amour évitez les belles. Moi qui ne crains pas les peines cruelles, je ne vivrai point sans souffrir un jour. Quand vous en serez au temps des cerises, vous aurez aussi des peines d'amour. J'aimerai toujours le temps des cerises: C'est de ce temps-là que je garde au cœur une plaie ouverte, et Dame Fortune, en m'étant offerte, ne pourra jamais fermer ma douleur. J'aimerai toujours le temps des cerises et le souvenir que je garde au cœur.» *https://de.wikipedia.org/wiki/Le_Temps_des_cerises* (entnommen 02.11.2023).

21   Mitgeschrieben vom Video-Mitschnitt des Konzerts von Wolf Biermann in den Leipziger Messehallen am 1. Dezember 1989.

22   Text zur Verfügung gestellt vom Büro Wolf Biermann.

23   „Manning the Bell-Tower at Ste. Mère-Eglise: A German Perspective. By Rudolph May" im Buch *Ste. Mère-Église, June 1944 No better place to die. The battle for la Fière Bridge* von Robert M. Murphy (ohne Jahresangabe). Abdruck mit freundlicher Genehmigung von Casemate Publishers, 2024.

24   Predigt in der TV-Messe vom 14.05.2023 in der Pfarrkirche von Sainte-Mère-Église, übertragen vom Programm „Le Jour du Seigneur" des französischen TV-Senders France 2.

25   Aus dem Film *Choisis la Paix*.

26   Kontinentales zentrales Kriegsgefangenenlager.

27   PW ist die Bezeichnung für „Prisoner of War" (Kriegsgefangener).

28   Zitat Anne Broilliard, Benoît Lenoël: Prisonniers allemands en Normandie. Un camp américain – Fourcarville 1944-1947. OREP Editions 2017, S. 41.

29   Ebd., S. 41.

30   Trierischer Volksfreund, 16.01.2019.

31   Anne Broilliard, Benoît Lenoël: Prisonniers allemands en Normandie. Un camp américain – Fourcarville 1944-1947. OREP Editions 2017, S. 65.

32   Ebd., S. 45.

33   *https://www.wissenschaft.de/geschichte-archaeologie/deutsche-kriegsgefangene-in-frankreich/* (entnommen 13.12.2023).

34   An der sogenannten Judenrampe vor dem KZ Auschwitz selektierten Ärzte die ankommenden Häftlinge nach Geschlecht und Arbeitsfähigkeit. Alte, Schwache und Kinder wurden sofort in die Gaskammern geschickt, „Arbeitsfähige" zur Zwangsarbeit. Darum wurde Magda geraten zu sagen, sie sei 18 Jahre.

35 Nach: Otto Hermann Pesch: Vergebung; in: Neues Glaubensbuch. Der gemeinsame christliche Glaube. Hg. von Johannes Feiner und Lukas Vischer, Herder: Freiburg 1993, S. 312.

36 Verzeihen und Versprechen. Der Gerechtigkeit und dem Frieden eine Chance geben im dritten Jahrtausend. Hg. von Luxemburger Kommission, „Justitia et Pax" / „Justice et Paix", Luxemburg 2000, S. 39.

37 Ebd., S. 33ff.

38 Eigene Sammlung von Mitteilungen der Pfarrgemeinde Notre Dame de la Paix in Sainte-Mère-Église.

39 Ebenda.

40 Ebenda.

41 Gedicht verfasst von Christian Lutier und den Zweitklässlern der öffentlichen Grundschule Le Manoir in Sainte-Mère-Église, mit freundlicher Genehmigung.

42 Patriarch Athenagoras, 1886–1972, zahlreiche Quellen im Internet in französischer Sprache, von mir ins Deutsche übertragen.

43 *https://www.grainesdepaix.org/fr* (entnommen 27.11.2023).

44 Papst Johannes XXIII., *https://de.wikipedia.org/wiki/Die_10_Gebote_der_Gelassenheit* (entnommen 29.11.2023).

45 missio: Ökumenisches Friedensgebet 2021, Autorin: Sr. Veronica Onyeanisi, Nigeria

46 Jüdische Gemeinde Frankfurt am Main. Deutsche Übersetzung von Rabbiner Jaron Engelmayer *https://jg-ffm.de/mandanten/1/documents/Friedensgebet_Deutsch_Ivrit.pdf* (entnommen 2.12.2023).

47 Pali-Kanon, Sutta-Nipata, 143-152 (Metta-Sutta).

48 Aus einer privaten Mantra-Sammlung: Lokah = Wesen/Welten, Samastah = einig in Harmonie, Sukhino = voll Wohlergehen, Glück, Freude, Fröhlichkeit, Bhavantu = möge all das werden.

49 Der als „Gebet der Vereinten Nationen" bekannte Text stammt von dem US-amerikanischen Dichter Stephen Vincent Benét, er hat ihn 1942 geschrieben. US-Präsident Franklin D. Roosevelt las das Gebet am 14. Juni 1942 zum Ende seiner Radioansprache zum Flag Day und brachte es damit in Zusammenhang zur Deklaration der Vereinten Nationen. *https://de.wikipedia.org/wiki/Gebet_der_Vereinten_Nationen* (entnommen 06.12.2023).

50 *https://www.religionenaufdemwegdesfriedens.de/*.

51 Aus: Klaus Schäfer. Aufruf zum Frieden, denn Frieden ist möglich. Regensburg, März 2022. Die PDF ist zu finden unter: *https://epub.uni-regensburg.de/52014/2/Frieden22kl.pdf*.

52 D-Day-Komitee.

Anhang

53 Aus dem Englischen von mir übersetzt mithilfe des online-Übersetzungsprogramms Deepl-Translaters.

54 UN-Charta, Präambel, Abs. 1.

55 Ebenda.

56 UN-Charta, Art. 1.

57 UN-Charta, Art. 2(1).

58 UN-Charta, Art. 2(3).

59 IGH, Fall betreffend militärische und paramilitärische Aktivitäten in und gegen Nicaragua (Nicaragua gegen USA), Urteil in der Sache, 27. Juni 1986, Para. 191.

60 UN-Charta, Art. 51.

61 Es ist zu beachten, dass der Sicherheitsrat der Vereinten Nationen, nachdem er das Vorliegen einer Bedrohung des Friedens, eines Friedensbruchs oder einer Angriffshandlung festgestellt hat, nach seinem Ermessen beschließen kann, dass nicht gewaltsame Maßnahmen gemäß Art. 41 der Charta ausreichen, um die Situation zu bewältigen.

62 Art. 2, der in ähnlicher Form in allen vier Genfer Konventionen von 1949 enthalten ist, gilt für Kriege und andere bewaffnete Konflikte, die zwischen Staaten ausgetragen werden.

63 Denken Sie an den Weltraumvertrag von 1967, Artikel. III und IV. In Bezug auf den Cyberspace gehen die Meinungen über das anwendbare Recht auseinander: Die liberalen Demokratien sind der Ansicht, dass die bestehenden Grundsätze und Regeln generell gelten können und dies auch tun, während Russland, China und einige andere Staaten der Meinung sind, dass ein eigenes Recht entwickelt werden muss.

64 Genfer Konvention I, 1949 und Zusatzprotokoll I zu den Genfer Konventionen, 1977.

65 Genfer Konvention II, 1949 und Zusatzprotokoll I zu den Genfer Konventionen, 1977.

66 Genfer Konvention III von 1949 und in gewissem Umfang das Zusatzprotokoll I zu den Genfer Konventionen von 1977.

67 Berücksichtigen Sie vor allem die Genfer Konvention IV, 1949.

68 Dieser Grundsatz ist in Art. 48 des Zusatzprotokolls I zu den Genfer Konventionen von 1977 (ZP I) verankert.

69 ZP I, Art. 52(2).

70 ZP I, Art. 51(4).

71 ZP I, Art. 51(5)(b) und Art. 57.

72 ZP I, Art. 58.

73 ZP I, Art. 35(2).

74 ZP I, Art. 51(4)(b) und (c).

75 Der im Gesetz verwendete Begriff ist „weit verbreitet, langfristig und schwerwiegend", eine kumulative Anforderung, von der allgemein angenommen wird, dass sie mit konventionellen Waffen schwer zu erreichen ist; siehe ZP I, Art. 35(3) und 55.

76 Siehe Römisches Statut des Internationalen Strafgerichtshofs, 1998, Art. 8(2)(b)(iv).

77 Siehe Genfer Konvention I und ZP I, Artikel. 8-31.

78 Haager Kulturgutübereinkommen, 1954, Art. 1.

79 Gemeinsamer Artikel 3 der vier Genfer Konventionen von 1949.

80 Siehe zum Beispiel *https://meetings.unoda.org/ccw-/convention-on-certain-conventional-weapons-group-of-governmental-experts-on-lethal-autonomous-weapons-systems-2023*.

81 Siehe zum Beispiel *https://www.diplomatie.gouv.fr/en/french-foreign-policy/united-nations/multilateralism-a-principle-of-action-for-france/alliance-for-multilateralism/article/11-principles-on-lethal-autonomous-weapons-systems-laws*.

82 Siehe Reuters, What we know about Kinzhal, Russia's hypersonic missile, 16. Mai 2023, verfügbar unter *https://www.reuters.com/world/europe/what-do-we-know-about-kinzhal-russias-hypersonic-missile-2023-05-16/*

Sr. Theresita Maria Müller SMMP, gehört zur Ordensgemeinschaft der Schwestern der heiligen Maria Magdalena Postel. Sie studierte Theologie und Schulmusik, lebt im Bergkloster in Bestwig/ Sauerland, war Lehrerin und arbeitet u. a. als Kirchenmusikerin und Harfenistin im sozialen Dienst. In ihrer Ordensgemeinschaft ist sie verantwortlich für „Missionare auf Zeit in Deutschland", junge Erwachsene aus Brasilien, Bolivien und Mosambik, die ein Jahr Freiwilligendienst in Deutschland absolvieren. Von 2011 bis 2015 verbrachte sie fast vier Jahre in der Normandie, wo sie in der Nähe der Strände, an denen im Zweiten Weltkrieg die Alliierten landeten, zusammen mit zwei französischen Schwestern an der Gründung eines „Hauses des Friedens" beteiligt war.